"十三五"国家重点出版物出版规划项目

中国经济治略丛书

社会资本、正规借贷可获性与农户生产性投资决策

——来自宁夏生态移民迁入区微观调查数据

Social Capital, Availability of Formal Lend
and Farmer's Productive Investment Decision

— Micro Survey Data from the Ecological Migration Area of Ningxia

马艳艳 著

中国财经出版传媒集团

经济科学出版社
Economic Science Press

·北京·

图书在版编目（CIP）数据

社会资本、正规借贷可获性与农户生产性投资决策：
来自宁夏生态移民迁入区微观调查数据/马艳艳著 . ‒‒
北京：经济科学出版社，2024.5
　（中国经济治略丛书）
　ISBN 978‒7‒5218‒5924‒9

Ⅰ. ①社… Ⅱ. ①马… Ⅲ. ①农户‒农业生产‒投资
决策‒研究‒中国 Ⅳ. ①F325

中国国家版本馆 CIP 数据核字（2024）第 103023 号

责任编辑：王　娟　李艳红
责任校对：郑淑艳
责任印制：张佳裕

社会资本、正规借贷可获性与农户生产性投资决策
——来自宁夏生态移民迁入区微观调查数据
SHEHUI ZIBEN、ZHENGGUI JIEDAI KEHUOXING YU NONGHU
SHENGCHANXING TOUZI JUECE
——LAIZI NINGXIA SHENGTAI YIMIN QIANRUQU WEIGUAN DIAOCHA SHUJU

马艳艳　著

经济科学出版社出版、发行　新华书店经销
社址：北京市海淀区阜成路甲 28 号　邮编：100142
总编部电话：010‒88191217　发行部电话：010‒88191522
网址：www. esp. com. cn
电子邮箱：esp@ esp. com. cn
天猫网店：经济科学出版社旗舰店
网址：http://jjkxcbs. tmall. com
北京季蜂印刷有限公司印装
710×1000　16 开　10.5 印张　180000 字
2024 年 5 月第 1 版　2024 年 5 月第 1 次印刷
ISBN 978‒7‒5218‒5924‒9　定价：46.00 元
（图书出现印装问题，本社负责调换。电话：010‒88191545）
（版权所有　侵权必究　打击盗版　举报热线：010‒88191661
QQ：2242791300　营销中心电话：010‒88191537
电子邮箱：dbts@ esp. com. cn）

国基金阶段性成果：《精准扶贫背景下村级互助担保基金发育、运行绩效及响应机理研究——以宁夏为例》（项目号71763024）

编　委　会

总 序

　　2017 年 5 月，经宁夏回族自治区教育厅、财政厅批准，理论经济学获批宁夏回族自治区一流学科建设项目，成为自治区立项建设的 18 个一流学科之一。理论经济学一流学科设计了 4 个学科发展方向：开放经济理论与政策、财政金融理论与政策、人口资源环境与可持续发展、消费者行为理论与政策。学科发展方向适应当前和未来国家和地方经济建设和社会发展需求，在人才培养、科学研究和社会服务等方面形成鲜明特色。

　　理论经济学一流学科建设目标是：根据中国特色社会主义经济建设的现实需求，坚持马克思主义为指导，借鉴现代经济学发展的成果服务于中国实践。通过五年建设，一是基本达到理论经济学一级学科博士学位授权点申请基本条件；二是在第五轮学科评估中，理论经济学教育部学科排名显著上升。为实现该建设目标，主要采取如下措施：第一，创造良好的工作环境和学术环境，积极引进人才，培育研究团队成长，积极申报人才和创新团队项目；第二，紧密围绕学科发展方向，瞄准对学科发展具有前瞻性、长远战略性的重大理论及现实问题开展研究；第三，建立跨学科、跨部门的开放型科研组织形式，营造既能有效促进协同攻关，又能充分发挥个人积极性的科研氛围，形成团队合作与自由探索相结合的管理机制；第四，开展国际国内合作研究和学术交流活动，形成有影响的学术高地。

　　理论经济学一流学科自获批以来，凝聚了一支结构合理、素质良好、勤奋敬业的研究团队，凝练了精准的研究方向，正在开展较为系统、深入的研究，拟形成了一批高质量系列研究成果。经理论经济学一流学科编委会的精心组织、认真甄别与仔细遴选，确定了《中国区域经济增长效率集聚与地区差距研究》《村级互助资金与扶贫贴息贷款的减贫机制与效应比较研究》《资产扶贫理论与实践》等 12 本著作，作为理论经济学一流建设学科首批系列学术专著。

系列丛书的出版，凝结了宁夏大学经济学人的心血和汗水。尽管存在诸多不足，但"良好的开端就是成功的一半"，相信只要学者们持之以恒，不断耕耘，必能结出更加丰硕的成果。

系列丛书的出版，仰赖经济科学出版社的鼎力支持，承蒙经济科学出版社王娟女士的精心策划。现系列学术著作将陆续面世，衷心感谢他们的真诚关心和辛勤付出！

系列丛书的出版，希望求教于专家、同行，以使学科团队的研究更加规范。真诚欢迎专家、同行和广大读者批评指正。我们将努力提升理论和政策研究水平，引领社会和服务人民。

杨国涛

2017 年 12 月于宁夏大学

前　言

　　农户是农村社会和农业生产的基本组成单元，也是乡村振兴与脱贫攻坚的主体。要充分调动其自身发展的积极性、主动性和创造性，加快培育乡村振兴的主体自觉，真正让农户"内化于心，外化于行"。生态移民迁入区作为中国精准扶贫的重点区域，随着移民搬迁农户逐渐稳定安居，当地经济发展水平和农户可持续发展能力仍受到各界关注。尤其是乡村振兴战略背景下壮大和发展生态移民迁入区现代农业，推动农户生产性投资水平，关乎农业生产效率的提高，同时也关乎农业产业转型、农产品有效供给和农户收入增加，同时对生态移民迁入区经济的可持续发展具有极其重要的影响作用。农村社会作为一个传统的关系网络型社会，其乡土社会"差序格局"中的社会资本特征与市场机制共同起到资源配置的作用，通过工具性和表达性行动使嵌入在社会网络中的资源增强了行动效果。同时，当前政策环境下资金来源渠道也为农户农业生产决策提供了基础性的要素支持。然而，农村信贷市场中由于分散的空间格局与小规模经济组织的特征使得交易双方的信息结构不对称，致使农户融资困境成为一种常态。

　　探讨如何充分调动和利用生态移民迁入区农户社会资本以提升其发展主动性，破解农户"融资难"困境，进而助推农户的生产性投资水平，激发其内生动力对农业现代化和农村经济可持续发展的影响至关重要，同时精准脱贫完成之后亟须建立一个长效稳定的机制来继续巩固提升脱贫攻坚的成果。因此，本书提出以下问题：（1）在农村"熟人社会"背景下，如何从供给与需求两方面联立深入探究社会资本对农户正规借贷行为影响的机理与异质性，精准识别农户正规借贷行为的影响因素，以进一步优化正规金融机构与农户有效的信息沟通机制，建立与之相适应的金融供给制度。（2）在农村"熟人社会"的背景和农业经营在资金可获性的现实约束下，社会资本对农户生产性投资行为的影响机制如何？农户农业生产性投资行为表现出怎样的特征？农户正规借贷资金可获性是否可以产生中介效应？

围绕以上问题本书基于社会资本、信息不对称、农村金融发展以及农户经济行为等相关理论，通过对农户社会资本的多维测度，采用宁夏生态移民迁入区农户实地调研数据，从社会资本多维视角实证分析了农户在正规融资和生产性投资方面的影响因素，揭示正规借贷在社会资本影响农户生产性投资决策中产生的中介效应。最后，就影响结果和研究结论提出构建激励和引导农户农业生产性投资合理化的内生动力机制和相应政策措施。具体而言，本书的主要内容包括以下几点。

（1）通过对社会资本理论和相关文献的梳理，系统界定农户社会资本的内涵、特征和测度方法，同时构建社会资本对农户正规借贷行为影响的理论分析框架。基于生态移民迁入区农户抵押品缺乏的现实，运用农村金融理论与农户经济行为相关理论，从农户的社会网络关系、社会声望和社会参与等不同维度来探讨社会资本对其正规借贷中抵押品的替代作用及对农户正规借贷行为影响的作用机制，运用双变量 Biprobit 模型从需求与供给两个角度出发，检验农户正规借贷行为影响因素之间的差异性。

（2）通过构建"社会资本—正规借贷可获性—农户农业生产性投资"的理论分析框架，从社会资本资源配置的拓展空间和利用价值角度出发，选取农户组织型社会资本和宗族型社会资本两个维度，对社会资本如何影响农户农业生产性投资以及正规借贷可获性的中介作用进行理论和实证分析，为乡村振兴背景下提升生态移民迁入区农户农业生产性投资意愿和规模提供理论依据。并通过微观数据和计量分析方法，检验农户正规借贷可获性在社会资本影响其生产决策中的中介效应。

（3）根据理论研究和实证分析结论，立足宁夏生态移民迁入区农村经济发展现实，提出提升生态移民迁入区农户融资积极性和农业生产性投资内生动力的政策建议，为优化生态移民迁入区农户农业生产决策、实现小农户与现代农业发展有机衔接提供了现实依据。

基于以上理论分析和实证检验，本书得到的研究结论包括以下几点。

（1）农户正规借贷可获性取决于需求和供给两方面因素。从需求角度来看，生产性支出占农户家庭年总支出的比例越高，农户家庭中上学人口越多则对正规借贷需求表现得越强烈。从供给角度来看，正规借贷供给倾向于非农经营性收入和生产性支出占比高的农户，说明农村正规金融机构进行贷款决策时更看重的是农户的非农经营性收入和生产性投资支出。另外，农户对正规金融机构的服务评价满意度越高，对正规借贷的需求也越高，而且更容易获得正规金融机构的贷款。

（2）农户社会资本是影响农村正规金融机构进行贷款决策的重要因素。农户参加农民专业合作社不但增强了自身的生产能力和经济实力，而且在一定程度上为农户提供了一种隐性担保，金融机构可以通过合作社更多地了解农户，降低信息不对称性，从而提高农户获得正规金融机构贷款的可能性。贫困地区农户大多缺乏可以抵押的财产，农户家族往往是本村大户姓氏，意味着这类农户相对广泛的社会网络有助于农户间的联合并弥补其缺乏抵押品的不足；积极参与村集体活动和在村中有较高声望地位的农户在争取正规金融机构贷款时体现出明显的比较优势，因为村集体活动以及农户在村中的声誉也是金融机构获取农户信息、进行信用评级的主要途径。

（3）从实证结果的需求方程来看，移民搬迁农户相较于非移民农户而言具有较强的正规借贷需求，而供给方程却显示出移民搬迁农户相较于非移民农户更难获得正规金融机构的贷款。因为移民农户是从宁夏南部山区整村迁移到宁夏引黄灌区（川区），不管在生产投资方面还是生活支出方面资金需求量大，对正规借贷需求比较强烈，但农户正规金融机构作为资金供给者，更倾向于贷款给富裕村庄的非移民农户，移民搬迁农户面临更大的融资困难。

（4）正规借贷可获性在组织型社会资本和宗族型社会资本影响农户农业生产性投资行为方面均具有显著中介效应，即社会资本通过农户正规借贷可获性间接影响其农业生产性投资行为的假说在中介效应检验中得到了验证，证明正规借贷可获性确实作为中介变量影响了社会资本对农户农业生产性投资的作用。而且正规借贷可获性也会影响农户的农业生产性投资行为。控制社会资本的效用后，就正规借贷可获性对农户农业生产性投资行为的影响进行重新回归，得到正规借贷可获性对农户农业生产性投资行为的净影响，发现当农户获得正规借贷，其农业生产性投资意愿会加强，投资规模会增大。

最后，本书从建立健全农业产业化利益联结机制、加强农户社会资本禀赋积累激励、创新信贷产品和服务机制以增强农户正规贷款的可获性，从农户需求出发着力创新农村正规金融的组织形式和完善农村金融市场机制，强化正规金融支持政策等方面提出相应的政策建议和对策，以助推生态移民迁入区农户真正实现可持续稳定发展的目标。

CONTENTS 目录

第 1 章

绪　　论

1.1　研究背景与问题提出

1.1.1　研究背景

农户是农村社会和农业生产的基本组成单元，也是乡村振兴与脱贫攻坚的主体。要充分调动其自身发展的积极性、主动性和创造性，加快培育乡村振兴的主体自觉，真正让农户"内化于心，外化于行"，进一步激发农户内生动力显得尤为重要（陈新建，2019；豆书龙、叶敬忠，2019）。2017 年，党的十九大提出要实现小农户和现代农业发展的有机衔接，2018 年中央一号文件《中共中央　国务院关于实施乡村振兴战略的意见》正式提出"做好实施乡村振兴战略与打好精准脱贫攻坚战有机衔接"的工作，同年《中共中央　国务院关于打赢脱贫攻坚战三年行动的指导意见》再次提出"统筹衔接脱贫攻坚与乡村振兴"的要求。坚决打好打赢脱贫攻坚战是贫困地区实施乡村振兴战略的基础和关键，乡村振兴战略的实施更是有助于西部民族地区促进和巩固脱贫攻坚的成果（束锡红，2020），尤其是在 2020 年精准脱贫顺利完成之后亟须建立一个长效稳定的机制来继续巩固提升脱贫攻坚的成果。

巩固脱贫攻坚成果，推进乡村振兴战略背景下壮大和发展现代农业离不开对农业的投资。推动农户的生产性投资水平，关乎农业生产效率的提高，同时也关乎农业产业转型、农产品有效供给和农户收入增加，同时对农业现代化和农村经济的可持续发展具有极其重要的影响作用，也为引导农户因地制宜开发农业产业，适度提高其农业生产投资水平，顺利完成巩固提升脱贫攻坚成果和乡村振兴的有机衔接提供了坚实的基础。2020 年中央一号文件也提出要健全农业农村投入持续增长机制，鼓励和引导金融资本更多投向农业农村，推动金融资源更多向农村倾斜。这些政策规定为农户生产性投资提供了良好的政策支持。尤其在乡村振兴全面推进的背景下更需要在政府主导下推动农户主体作用的深度发挥。如何巩固现有扶贫成果，激活农户可持续的"造血"机能，保障其收入来源和收入水平有效提高，是当前推动农业发展亟须思考的问题。

国家统计局发布的全国第三次农业普查公告显示，截至 2016 年全国登记农业生产经营人员共有 31422 万人，农业经营户 20743 万户，其中规模农业经营户有 398 万户，占比仅为 1.92%。根据《中国农村政策与改革统计年报（2021 年）》和《中国农村合作经济统计年报 2021》的数据，截至 2021 年，全国农户数量 27256.6 万户，农业劳动力数 20531.5 万个；其中，家庭农场 391.4 万个，农民专业合作社 203.1 万个，占比为 2.19%。规模农业经营户总体数量和占比均有所提升，但总体来看，小农户在一定时期内的客观存在对促进农村经济快速发展和增强农户自我发展能力方面，依然是我国目前经济发展和社会稳定的重大挑战。同时，随着农业现代化的深入发展，农业的技术引进和推广表现出更多的优势（杨芳，2019），而农户作为独立的经营者和农业投资的重要主体，对农业生产拥有完整的决策权，因而其农业投资的行为选择及投资效率对农业经济的发展起着越来越关键的作用（钱巨然，2016）。党的十九大报告中关于实施乡村振兴战略中明确提出解决好"三农"问题，要坚持农业农村优先发展，同时要加快推进农业农村现代化，实现小农户和现代农业发展的有机衔接，必须采取针对性措施把小农户引入现代农业发展轨道，同时基于如何有效促进脱贫攻坚完成后与乡村振兴战略的衔接也对增强欠发达地区农户生产投资能力提出了更高要求。

伴随着农村大量青壮年劳动力的外流，农村社会已然分化为退出型农户、兼业农户和纯农业户三类，且存在农业收入所占比重日益缩小和村集体经济资源欠缺的事实。但是农户间日益频繁的土地流转促进了农业规模化经营和生产集中化，推动了农业生产性投资的增加，农户融资能力也成为影响其内生动力提升的重要因素。农户农业生产经营扩张过程中表现出了极强的非正式性和零租金现象（陈奕山等，2017）。中国农村社会作为一个传统的关系网络型社会,其乡土社会"差序格局"中的社会资本特征对农户生产经营行为和农村经济社会活动的影响至关重要。社会资本作为一种期望得到回报的社会关系投资,通过在工具性和表达性行动中发挥作用,使嵌入在社会网络中的资源增强了行动的效果(Bourdieu,1986)。农业生产经营过程中形成的人缘、地缘和亲缘关系,以及长期生活在同一村落建立起来的声誉、信任、社区规范等"软信息",具有信息监督优势,能够有效降低信息不对称与缺乏有效抵押、担保带来的违约风险(徐虹,2013)。

近年来,学术界从社会资本角度研究农户正规借贷行为的影响因素以及在经济发展中的福利效应分析越来越受到关注。尤其是农户社会资本对农户正规借贷行为具有非常重要的影响,农户拥有良好的社会资本更易获得正规金融机构的信赖(徐璋勇、杨贺,2014;杨明婉、张乐柱,2019);社会资本还可以缓解借款者与贷款者之间的信息不对称,从而减少高昂的信贷交易成本,盘活农村金融市场,解决农户贷款难的问题(Van Baste-laer T and Leathers H,2006);往往那些具有丰富"人脉"关系的农户更容易获取资金,遭受信贷约束的程度也相对较低(孙颖、林万龙,2013)。由此可见,乡土社会"差序格局"中的社会资本特征对农户生产经营行为和农村社会经济活动的影响至关重要(许黎莉等,2020),同时在农户向金融机构融资过程中发挥着作用。

1.1.2 问题提出

传统农业向现代农业的转变离不开资金支持,发展现代农业则需要解决的一个核心问题,也是农业生产经营的最基本要素,即所需资金的来源问题(柳凌韵,2018)。在此转化进程中无论是何种资源要素的获取,都需要通过农业投资来实现。农户在生产经营方面无论是维持还是扩大农地经营规模均拥有较强的自主性,但农户农业生产性投资水平仍然不高,而且农户信贷需求强烈,普遍存在无法被完全满足的现象。农村信贷市场中由于分散的空间格局与小规模经济组织的特征极大地影响了交易双方的信息结构(Stiglitz and Weiss,1981;刘祚祥等,2010),致使信贷约束成为一种常态。长期以来难以获得融资支持的重要原因就在于农户缺乏抵押品以及正规借贷机构对农户信贷过程中的信息缺失,有效抵押物和担保条件的缺失也使得在我国金融支农力度不断加大的背景下,小农户依旧难以获得融资支持，继而成为制约"三农"发展的重要障碍（左斐等，2019）。

农户家庭经营拥有能够较好地解决农业生产组织内部问题、内部监督成本低的先天优势。农户之间相互依赖程度大，常以亲情为纽带开展生产活动以求建立更加牢固的关系。由家族、邻里、政府构成的社会结构网络形成了生产和发展的主要社会资本，影响农户生产投资行为和方向，进而影响其生产投资带来的福利效应（杨芳、张应良、刘魏，2019）。如果农户能够获取贷款，将有可能引入新的生产要素、新的技术，种植新的作物和品种，投资创办新的产业。同时，通过融资方式增强农户的风险应对能力，进而也增加了农户引进新技术、新产业、新项目的信心和能力，也可能会进一步扩大和提高农户中低收入群体的收入来源和收入水平，实现精准脱贫，顺利完成脱贫攻坚任务及实现乡村振兴过程中急需解决的关键问题之一。

宁夏回族自治区是西部少数民族地区之一，也是我国最早通过开展易地搬迁作为有效手段来解决生态脆弱地区贫困问题的地区之一。政府为移民搬迁提供了强大的外部保障，然而农户自我发展能力不足仍限制了生态移民迁入区农村经济的可持续发展，其中农户"融资能力"较低是影响其内生动力提升的重要因素。加之长期依赖"输血式"财政扶贫资金，使得农户中低收入群体真实的融资需求得不到有效表达，政府部门也难以实现对财政扶贫资金使用的有效监督，农户中低收入群体发展动力严重缺乏，内生优势资源未有效利用，外生力量促成机制存在缺陷，导致大多数农户中低收入群体无法从正规金融机构获得贷款，阻碍了农户搬迁后的可持续生产和生活的积极性。如何在巩固脱贫攻坚成果与乡村振兴叠加推进背景下不断推动农村金融机构改革创新和进一步激发农户内生动力已经迫在眉睫。关于农户生产性投资的影响因素研究已得到较多的讨论，但从社会资本多维角度探讨生态移民迁入区农户农业生产性投资的影响还没有得到理论论证和实证检验。因此本书提出以下几个具体问题。

（1）在农村"熟人社会"背景下，生态移民农户作为迁入区农村金融需求的主体和农村经济社会活动的基本单位，如何从供给与需求两方面联立深入探究社会资本对生态移民区农户正规借贷行为影响的机理与异质性，精准识别农户正规借贷行为影响因素，为进一步优化正规金融机构与农户有效的信息沟通机制，建立与之相适应的金融供给制度，切实解决生态移民迁入区农户融资难、抵押难等现实问题。

（2）基于以上阐述，农户生产性投资影响因素已得到较多的讨论，但从社会资本角度探讨农户农业生产性投资的影响还没有得到充分的理论论证和实证检验。尤其在农村"熟人社会"的背景和农业经营在资金可获性的现实约束下，移民和非移民农户农业生产性投资行为表现出怎样的特征？社会资本对农户生产性投资行为的影响机制如何？农户正规借贷资金可获性是否可以产生中介效应？

以上问题都亟须深入研究。作为一项积极探索，本书试图检验正规借贷可获性在社会资本影响农户生产性投资决策中的中介效应，从而更好地剖析社会资本影响农户生产性投资的机理，也试图通过改变农户农业投资的外部环境来矫正农户的农业投资行为（庄道元等，2004），以保障农业生产要素投入且维系乡村社会的稳定，以此来达到社会福利的最大化就非常必要。

1.2　研究目标与研究内容

1.2.1　研究目标

在我国全面推进乡村振兴与继续巩固脱贫攻坚成果的背景下，本书以宁夏生态移民迁入区农户为例，以社会资本的多维测度为切入点，从正规借贷供给和需求两个层面探讨生态移民迁入区农户社会资本对其正规借贷行为的影响机制，同时基于理论分析探索性剖析了正规借贷可获性在社会资本对农户农业生产性投资决策方面的作用机理，从社会资本多维视角分析了农户在正规融资和生产性投资方面的影响因素，并对其中介效应进行了实证检验，为农户社会资本的培育、正规借贷可获性的提高以及正确把握农户生产性投资的决策方向提供理论指导依据。本书的研究目标主要包括以下几个方面。

研究目标之一：通过对社会资本理论和相关文献的梳理，系统界定农户社会资本的内涵、特征和测度方法，同时构建社会资本对农户正规借贷行为影响的理论分析框架。基于生态移民迁入区农户抵押品缺乏的现实，运用农村金融理论与农户经济行为相关理论，从农户的社会网络关系、社会声望和社会参与等不同维度来探讨社会资本对其正规借贷中抵押品的替代作用及对农户正规借贷可获性影响的作用机制。运用双变量 Biprobit 模型从需求与供给两个角度出发检验多维度社会资本对生态移民迁入区农户正规借贷可获性的影响，进一步分析移民和非移民正规借贷可获性影响因素的差异性。

研究目标之二：构建社会资本对农户生产性投资决策影响的理论分析框架，并从社会资本资源配置的拓展空间和利用价值角度出发，选取农户组织型社会资本和宗族型社会资本两个维度，分析社会资本对农户生产性投资决策的影响机理，为乡村振兴背景下提升生态移民迁入区农户农业生产性投资意愿和规模提供理论依据。通过微观数据和计量分析方法，检验农户正规借贷可获性在社会资本影响其生产决策中的中介效应。

研究目标之三：根据理论研究和实证分析结论，立足宁夏生态移民迁入区农村经济发展现实，提出提升生态移民迁入区农户融资可获性和农业生产性投资内生动力的政策建议，为优化生态移民迁入区农户农业生产决策、实现小农户与现代农业发展有机衔接提供现实依据。

1.2.2 研究内容

当前社会资本的相关研究不断地丰富了内涵，已然体现出社会资本的资源要素性。社会资本的存在是以个体构成的社会网络为基础，个体间通过建立某种社会关系而攫取社会网络中的稀缺资源，也可以通过社会资本提升对稀缺资源的调动能力以获取所需的资金、技术等生产要素，进而影响个体的生产投资决策和投资规模。本书主要以宁夏生态移民迁入区农户（包括县外搬迁移民和本地非移民）为研究对象，基于社会资本、农村金融发展以及农户经济行为等理论，从社会资本的多维角度分析影响农户正规借贷行为及农业生产性投资决策的主要因素，实证检验了社会资本对农户生产性投资决策的影响效应，揭示正规借贷在社会资本影响农户生产性投资决策中产生的中介效应，最后就影响结果提出构建激励和引导农户农业生产性投资合理化的内生动力机制和相应政策措施。围绕以上相关问题，为了体现研究意义，实现研究目的，本书各章的内容安排如下。

第1章是绪论。结合乡村振兴战略的提出，详细介绍本书的研究背景和研究意义，详细阐述本书的研究目标与具体研究内容以及结构安排，介绍主要研究方法、技术路线和数据来源，并对本书可能的创新与存在的不足进行分析。

第 2 章是相关概念与文献综述。主要对本书中相关研究对象的重要概念进行界定，如社会资本、农户正规借贷、农业生产性投资等进行详细的解释与界定。同时考虑到本书的主要研究内容，梳理国内外相关文献，并对现有学者观点进行综合述评，阐述了现有研究中仍存在的不足和进步空间。

第 3 章是理论基础与分析框架。首先对本书中所涉及的相关理论进行详细介绍，如社会资本理论、农村金融发展理论、信息不对称理论以及农户经济行为理论等。基于国内外相关文献综述和理论基础，为建立本书的理论分析框架和实证检验做铺垫。

第 4 章是样本区域概况及数据统计描述分析。本章内容系统回顾了宁夏回族自治区从 1983 年开始的吊庄移民、扶贫扬黄工程移民，"十二五"期间大规模的生态移民，"十三五"时期易地扶贫搬迁新阶段，再到"十四五"时期易地搬迁移民致富提升行动规划的发展历程，详细描述了宁夏在不同阶段移民的情况与特点。同时重点以"十二五"期间宁夏生态移民及其迁入地为调研区域和调研对象发放问卷获得农户微观数据，并详细描述实地调查的整个过程与步骤，包括调研目的、问卷设计、样本地选择以及具体分布、样本量确定等，为之后的实证研究奠定了充分的基础。

第 5 章是社会资本对农户正规借贷可获性的影响。本章以宁夏生态移民区 554 户农户的调研数据为基础，通过对农户社会资本的细化，运用 Biprobit 模型从供给与需求两方面深入探究社会资本对农户正规借贷行为影响的机理与异质性，精准识别农户正规借贷行为的影响因素，为进一步优化正规金融机构与农户有效的信息沟通机制，建立与之相适应的金融服务供给制度提供理论参考。

第 6 章是社会资本对农户生产性投资决策的影响。本章通过二元 Logit 模型和最小二乘法（OLS）实证分析社会资本对农户生产性投资决策的影响。同时检验正规借贷可获性在社会资本影响农户生产性投资决策中的中介效应，从而更好地剖析社会资本影响农户生产性投资的机理，保障农业生产要素投入且维系乡村社会的稳定，提出构建激励和引导农户农业生产性投资合理化的内生动力机制和相应政策措施，以拓宽农户投资的研究路径和理论体系。

第 7 章是研究结论和政策建议。总结归纳前文理论基础及实证分析的主要研究结论，并据此提出通过加强农户社会资本禀赋积累以增强农户正规贷款的可得性，提升农村金融服务能力以促进农户的农业生产性投资水平等政策建议。

1.3 研究方法与技术路线

1.3.1 研究方法

为了实现研究目标，本书基于社会资本视角考察农户正规借贷可获性及农户农业生产性投资行为的影响因素，通过理论研究和实证检验以求研究结论的客观、科学。具体研究方法包括以下几种。

（1）文献分析法。紧紧围绕社会资本、农户正规借贷行为以及农户农业生产性投资决策的相关研究搜集查阅大量国内外文献资料，把握理论基础的演进规律和最新文献研究进展，在梳理、归纳和总结现有研究成果的基础上，评述当前研究存在的问题，为本书后续研究提供了坚实的理论支撑。

（2）问卷调查法。问卷调查法是社会科学调查中为了搜集可靠的资料和数据使用得比较广泛的一种方法，即以设计好的规范化并可计量的问卷工具进行调查，一般通过设立一系列相关问题并对目标群体进行访谈来获取数据。本书在收集宁夏生态移民迁入区移民农户和非移民农户相关数据时主要采用问卷调查法。调查问卷共分为四部分：第一部分是生态移民迁入区农户及家庭的基本信息；第二部分是生态移民迁入区农户的社会资本调查；第三部分是生态移民迁入区农户正规借贷需求和获得情况；第四部分是生态移民迁入区农户生产性投资意愿和投资规模情况。

（3）理论分析法。理论分析法是基于感性认知的基础上通过理性思维认识事物的本质及其规律的一种科学分析方法，可以把研究主题从本质上加以界定和确立，进而通过综合分析，把握其规律性。本书以社会资本理论、农村金融发展相关理论、信息不对称理论及农户经济行为理论为指导，通过文献检索和资料整理，构建"社会资本—正规借贷可获性—农户的生产性投资"的理论分析框架，分析社会资本对农户农业生产性投资意愿和规模的直接影响机制，以及农户正规借贷可获性在其中发挥的中介效应，从而提出构建激励和引导农户农业生产性投资合理化的内生动力机制，拓宽农户生产性投资行为的研究路径和理论体系。

（4）实证分析法。现有研究中的实证分析法已然不再拘泥于用某一种价值观去衡量某一种经济学现象，而是通过一系列的工具和统计计量方法对经济数据进行处理，并结合经验与理论去进行研究分析。目前分析工具多种多样，本书主要借助 SPSS、Stata 等计量软件，运用需求可识别的双变量 Probit 模型（Biprobit）、多元 Logit 模型、最小二乘法（OLS）、因子分析法进行实证分析。

1.3.2　技术路线

结合本书的研究目标和主要研究内容，技术路线如图 1 - 1 所示。

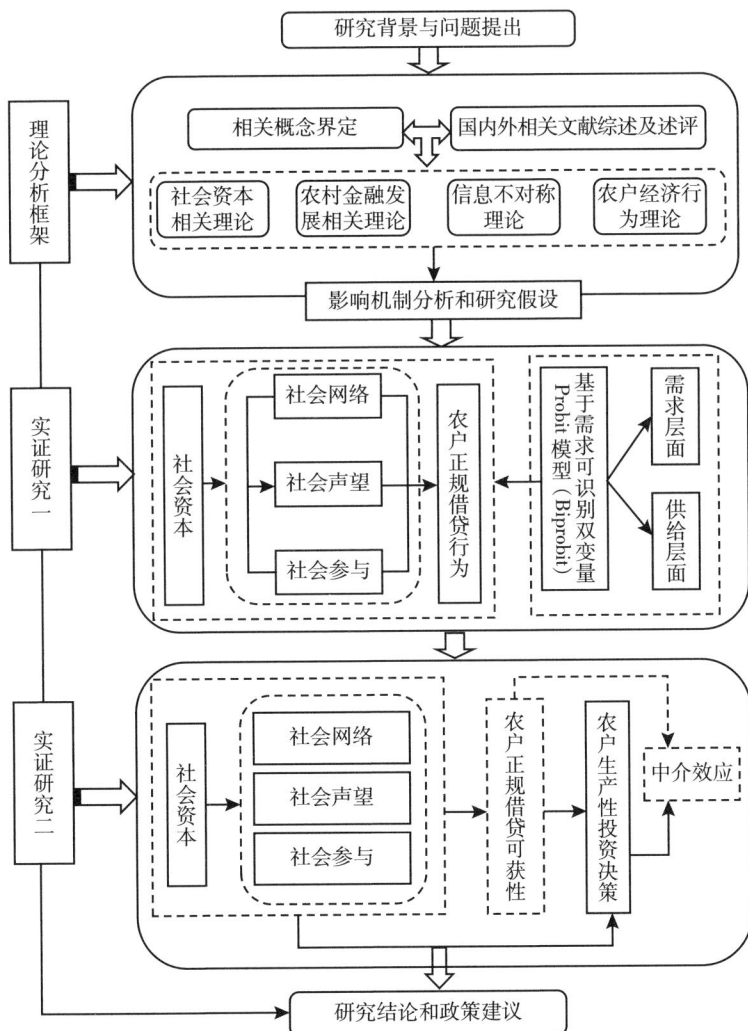

图 1 - 1　技术路线

1.4 创新之处与存在不足

1.4.1 创新之处

第一，在分析社会资本与农户正规借贷可获性的分析框架中，已有研究很少同时从供给与需求两方面深入探究社会资本对农户正规借贷行为的影响机理。本书对农户社会资本从多维度进行测度，并运用理论和实证分析揭示了生态移民迁入区农户社会资本对其正规借贷可获性的影响，从而进一步在实证分析中，将农户差异性纳入社会资本对正规借贷可获性的影响。

第二，本书构建"社会资本—正规借贷可获性—农户的生产性投资"的理论分析框架，利用调研样本数据从不同的社会资本角度理论分析和实证检验了农户生产性投资决策的影响因素，同时检验了正规借贷可获性在多维度社会资本影响农户生产性投资行为中的中介效应，为农户社会资本的培育、正规借贷可获性的提高以及正确把握农户生产性投资决策方向提供了理论指导依据。

1.4.2 存在不足

本书是以宁夏"十二五"期间中南部地区整村县外搬迁的生态移民为调研对象进行的实地问卷调研。一方面，由于调研区域大多为新移民村，交通条件受限，样本农户居住分散，以致调查问卷发放的数量较少，整体缺乏因社会资本变迁影响移民农户和非移民农户经济福利获取方面的比较分析。另一方面，本书的调研数据是 2017 年依托相关课题获得，时效性受限而且仅为截面数据，因此无法体现社会资本以及正规借贷对农户生产性投资决策方面的动态影响，进而影响本书结论的稳健性。

第 2 章

相关概念与文献综述

2.1 相关概念

2.1.1 农户

农户作为农村最基本的微观基础，其内涵十分丰富。从国内外现有的研究成果看，对"农户"的理解主要有以下几种观点：（1）农户指的就是农民家庭（韩明谟，2001）。（2）恰亚诺夫认为小农家庭农场实质上就是农户。他在小农经济的论述中指出小农家庭农场依靠自身劳动力而不是雇用劳动力，小农家庭农场的产品主要满足家庭自身消费而不是在市场上追求最大利润（Chayanov，A. V.，1986）。（3）农户是社会经济组织单位。卜范达和韩喜平（2003）认为农户指的是生活在农村的主要依靠家庭劳动力从事农业生产，并且家庭拥有剩余控制权，经济生活和家庭关系紧密结合的多功能的社会组织单位。

目前普遍被认可的农户含义，按照不同划分角度可以从两个方面理解：一是依据家庭的职业划分，即农户是以从事农业为主的家庭（farming household）；二是依照家庭所处的经济区位来划分，即居住在农村的家庭，其对应的是城镇家庭（rural household）（卜范达、韩喜平，2003）。随着工业化、城镇化的发展，农村劳动力大量非农转移，农户职业、身份与政治地位以及居住地理区域等都相应地发生了变化，农户内涵也随之不断变化（王新志、杜志雄，2020）。

目前，农户一般被认为是迄今为止最古老、最基本的集经济与社会功能于一体的单位和组织，是农民生产、生活、交往的基本组织单元。农户与农业生产的其他组织形式相比，其本质特征在于它是以家庭契约关系为基础的家庭与农业生产活动的相互作用（尤小文，1999；翁贞林，2008）。因此，借鉴已有研究，本书所界定的农户是指家庭拥有剩余控制权，主要由血缘关系组合而成的一种社会经济组织，是依靠家庭劳动力从事农业生产的一种组织形式。

2.1.2　社会资本

自法国社会学家布尔迪厄（Bourdieu）于 1986 年明确系统地提出以社会关系网络为核心的社会资本概念，即社会资本是与某个体制化的关系网络联系的实际的或潜在的资源集合体。布尔迪厄（2003）还通过场域和惯习概念以弥合社会资本结构与行动间的张力，并指出个体和组织等行动者之间因面子、荣誉和声望等资源在场域的动态场所展开竞争，行动者又在惯习的作用下争夺资本。众多学者在此基础上对社会资本的含义进行了丰富和补充。1994 年，普特南（Putnam）最早将社会资本引入公共政策研究范畴，并引起广泛注意，其认为社会资本具有社会组织的特征，强调社团参与及由此而来的信任及社会规范的作用，同时认为社会个体可以通过自身社会网络的增强来培育社会参与的规范，提高组织效率，社会网络的加强有利于个体和社会组织为了共同利益进行合作。1994 年，科尔曼（Coleman）从理性选择角度对社会资本进行了全面界定，并将社会资本划分为个体社会资本和群体社会资本，同时提出社会资本基本内容不但包含信息网络、规范与有效惩罚，也包含义务与期望、权威关系以及社会组织等。自此以后，社会资本的概念出现了微观和宏观两个不同分析视角。社会资本包括有形的结构型资本，比如社交网络、规则、程序、制度和组织等，也包含无形的认知型资本，比如价值观、互惠和信任等（Uphoff，1992）。

目前，学者们从网络组织、价值观念、行为规范、互惠信任以及合作行动等各个不同侧面对社会资本概念进行了比较全面的界定。综合以上对社会资本的理解，也为了更清楚地对社会资本概念进行梳理，本书将目前被广泛接受且最有影响的社会资本的定义，根据不同学者、不同时间和所赋予的不同内涵进行列举，主要来自布尔迪厄、科尔曼、普特南、福山

（Fukuyama）、林南（Lin）以及世界银行等，具体如表 2 - 1 所示。

表 2 - 1　　　　　　　　　　　　社会资本的定义

作者	定义	年份
布尔迪厄（Bourdieu）	与群体成员相联系的实际的或潜在的资源的总和，它们可以为群体的每一个成员提供集体共有资本支持	1986
科尔曼（Coleman）	一种责任与期望、信息渠道以及一套规范与有效的约束，它们能限制或者鼓励某些行为；社会组织构成社会资本，它们有助于目标的实现，如果社会资本缺失，那么目标可能会无法实现，或者实现的代价会比较高昂	1990
普特南（Putnam）	指社会组织的特征，例如网络、规范和信任，它们有助于人们为了共同的利益进行协调与合作。指个体之间的联系，社会网络以及在此基础上形成的互惠和信赖的价值规范	1993，2000
福山（Fukuyama）	群体成员之间共享的非正式的价值观念、规范，能够促进他们之间的相互合作。如果全体成员与其他人将会采取可靠和诚实的行动，那么他们就会逐渐相互信任。信任就像是润滑剂，可以使人和群体或组织更高效地运作	1999
林南（Lin）	内嵌于社会网络中的资源，行为人在采取行动时能够获取和使用这些资源。因而，这个概念包含两个重要的方面：一是它代表的是内嵌于社会关系中而非个人所有的资源；二是获取和使用这种资源的权力属于网络中的个人	2001
世界银行	一个社会的社会资本包括组织机构、关系、态度与价值观念，它们支配人们之间的行为，并有利于经济和社会的发展	1998

以上对社会资本概念的梳理为本书提供了理论研究基础。因此，结合已有研究，本书中探讨的社会资本可以界定为以农户为单位的个体层面的社会资本，并将社会资本划分为不同维度，主要有社会网络、社会声望、社会参与三个方面，既包括农户拥有的社会资源支持状况，也包括农户在实际情形中可以使用的社会资本。其中，社会网络是指农户之间形成的关系网络及网络密度等，包括组织型社会资本、宗族型社会资本等；社会声望主要指不同农户之间在资源交换的接受与回馈过程中形成不同阶层声望地位的等级序列，与名声、威望、权威及德高望重等内涵大致等同；社会参与指农户对集体或社会活动的参与程度。

2.1.3　农户借贷行为

一般农户借贷行为是指农户与农村信用合作社、村镇银行等正规金融机构，小额贷款公司、合会、钱庄等非正规金融组织，以及亲戚朋友等个人之间的资金融通活动。"借贷""借款""信贷"经常作为相互可以替代的概念。农户借贷行为作为农户经济行为的重要组成部分，主要包括农户借入资金行为和借出资金行为两个方面。借入资金行为是指农户从正规金融机构和非正规金融组织或亲戚朋友等处的融资，农户借入资金行为往往会受到借贷市场的规模和水平，借贷资金的渠道、用途、期限、利率、抵押要求等因素的影响。借出资金行为是农户为保证资金安全或获取收益将所得收入以存入金融机构或以其他方式借给他人或组织使用的行为（杨贺，2015）。

2.1.4　农户正规借贷

农户借贷按照是否受到政府监管主要分为正规借贷和非正规借贷两种。其中，农户正规借贷是指农村正规金融机构通过加大支农信贷投入，更好地发挥金融机构支持农村经济发展和农户增收作用而开办的基于农户信誉、在核定的额度和期限内向农户发放的且主要用于生产经营的贷款。而非正规借贷主要是指基于熟人机制而产生的低息贷款或无息贷款（许星，2019）。本书的正规借贷仅指从正规金融机构借出资金，农户正规借贷行为主要指农户向正规金融机构借入资金的有效行为。农户的有效借贷行为作为一种契约行为，主要包括农户借贷需求行为和金融机构授信供给行为两个方面（左斐、徐璋勇、罗添元，2019；陈芳，2018），其中，农户借贷有效需求行为即为农户是否愿意借贷，金融机构授信供给行为即为金融机构是否愿意向农户提供贷款以及愿意提供贷款的规模。农户是否愿意借款取决于多种因素，最主要的因素是其生产生活中对信贷是否需要（黄祖辉等，2007）；金融机构是否愿意提供借贷资金则取决于对农户发放贷款的风险控制（Stiglitz and Weiss，1981）。

2.1.5　农户生产性投资

农户投资是我国农村经济和农业发展资金投入的一个重要组成部分。

农户投资行为是农户经济行为的一种具体表现形式，是一种以获利为目的或追求某种效用、投放资金于经济过程中的家庭群体行为，是农户对未来生产的一种预期（康晨，2018）。农业生产性投资主要包括国家财政支农支出、农业贷款和农户个人生产性投资。其中，农户生产性投资由流动资金投入和固定资产投资两部分组成。流动资金投入主要指农民家庭经营费用支出中用于农业生产的部分，固定资产投资则用农户购置生产性固定资产支出表示。

农户农业投资行为可以理解为农户作为投资主体为农业扩大再生产（即改善生产条件，扩大生产能力）进行的人力、财力、物力等投入（辛翔飞、秦富，2005）。农户的农业生产性投资行为也可以理解为在各种社会经济信号的影响下行为主体农民所表现出来的农业生产性投资反应（刘承芳等，2002）。主要包括农业基本建设投资（即长期性固定资产和农田水利基本建设投资）和短期农业生产投资（张清慧、唐萍，2002）。农业基本建设投资主要依靠国家和集体，而农户农业生产投资，即农户把资金用于购买种子、农药、化肥、地膜、牲畜、小型生产工具和支付劳动开支等（许经勇，1999）；脱粒、建畜舍及植保机等是最主要的几类固定资产投资（朱民等，1997）。

众多学者出于数据可获得性方面的考虑，在具体学术研究中经常用农户农业生产性固定资产投资来代替农户农业生产性投资，主要包括役畜、产品畜、大中型铁木农具、农林牧渔业机械、运输机械、生产用房及其他生产用固定资产（刘承芳等，2002；刘荣茂、马林靖，2006；周应恒等，2007）。杨芳等（2019）在其研究中将农户的生产性投资划分为两类：第一类是与农地直接发生关联的流动性投资，包括种子、农药、化肥等；第二类是不与土地发生直接关联的固定投资，主要指农业机械。因此，本书主要针对的是生态移民迁入区农户的农业生产性投资进行研究，并将其界定为生态移民迁入区农户在农业生产过程中在种子、化肥、农药、灌溉、场地投入、饲料、农业机械等方面的投资，包括流动性投资和固定投资两大类，主要内容集中于农户总体生产投资、种植业生产投资、养殖业生产投资和生产投资结构等方面。

2.2　国内外文献综述

围绕本书的主要内容，现将国内外相关文献分为以下几个方面具体进行综述和述评。

2.2.1 生态移民相关研究

从现有文献的研究角度来看，国内关于生态移民的相关研究主要集中于生态移民生计现状、安置方式及迁移后的满意度、生态移民效果评价、社会适应性以及存在的问题方面。比如，李东（2009）通过回顾生态移民相关研究成果，提出只要是直接因为环境问题而搬迁的移民都可视为生态移民；还有研究认为生态移民是处于生态环境脆弱、环境恶劣地区的居民通过自发或者政府组织的方式迁移到其他地区以实现人口、资源、环境、经济的协调发展（贾耀锋，2016），但因贫困农户搬迁至新的移民安置区，其生计可能面临转型甚至充满着各种挑战（李芬，2014；冯伟林，2016）。生态移民对安置方式比较多元化，根据是否分配土地可分为有土安置和无土安置（东梅，2015）；根据连片与否可分为集中连片安置和集中但不连片安置（邰秀军等，2017）。从整体上来说，对于不同的安置模式，移民区农户表现出不同的满意程度（张越等，2014；韩学雨，2015）。尤其是在各方努力下，从对生态移民政策效果的评价来看，生态移民政策的实施使农民收入可持续增长（东梅，2006；黄志刚等，2018），降低了农户多维贫困程度（王文略等，2018）。也有部分学者从农户迁移后农户的社会适应方面进行了研究（丁凤琴，2015），比如，李霞（2017）研究认为在人际关系的社会适应方面，农户的年龄层次差异较小；但在经济产出的适应方面，年龄层次的差异却表现突出。为了更好地帮助移民顺利融入迁入地，通过相关研究发现移民的行为感知以及心理认知因素均是影响其融入新生活的关键因素（崔冀娜，2019）。

2.2.2 社会资本相关研究

20 世纪 80 年代后期到 90 年代初期，国内外的研究视角逐渐开始从对人力资本和物质资本影响效应以及经济绩效差异评析转向关注个体交往、关系网络、互惠合作等非正式制度的影响方面，包括人与人之间、组织与组织之间的社会性相互作用，自此"社会资本"概念进入人们的视野。近年来，国内外学者对社会资本从不同角度进行了深入的研究，并取得了大量的研究成果，认为对社会资本的研究能够弥补物质资本、人力资本和自然资本等在农村经济发展中的不足（Inkpen A，2005）。

从社会资本发展现状及其影响因素看，爱德华·格莱泽（Glaeser，2002）分析了影响个体社会资本水平的具体因素：（1）社会资本随着年龄的增加先上升后下降，呈现倒"U"形曲线的关系；（2）社会资本随着预期的流动性增加而下降；（3）若知识或技能能够带来更好的报酬，则随着社会资本的累积，对社会资本投资的意愿也越强；（4）拥有房产者的社会资本比没有房产者高；（5）随着物理距离的增加，社会资本迅速下降；（6）投资人力资本的同时也是在投资社会资本。国内关注社会资本整体现状的学者主要有张其仔（1999），边燕杰（1999），免平清（2002），赵延东（2003），林聚任、刘翠霞（2005），杨月如（2006）等。社会资本在促进农村经济增长方面具有积极作用，并分别在农村社区治理、环境治理、农民融资与就业以及农民生活等方面取得了丰硕的成果，对农村发展具有重大意义（马红梅、陈柳钦，2012）。此外，农村教育和农村社区的同质性都强烈地刺激着对社会资本的投资。学者们认为社会资本存量多的农村社区能够更好地应对贫困、解决争端、促进就业，不但提高了组织效率，也能够促进社区经济发展（福山，1996；Narayan，1999；Woolcock，1998）。尤其中国农村地区居民以村落聚居，以地缘和血缘关系为中心会形成相互联系的关系网络，并通过这种人际关系网络实现了社会资本的合理有效运用，而且可以获取所需的资源与利益（龙子泉等，2018）。但社会资本的欠缺会引起社会资本可利用度的差异，因为社会资本欠缺可能是因为个体获取社会资本的机会不同（林南，2005），也有可能是因为个体特征与集体环境差异而产生不同的约束条件（彭文慧，2018）。

从整体来看，有关社会资本影响因素以及形成动因的研究较少，现有研究大多以农村居民个人或者家庭等微观主体作为主要研究对象，较少从农村整体、农村文化和乡规民约等宏观角度进行考察分析，而主要是从农户宗教、政治面貌和教育年限等角度考察了农村社会资本影响的差异性（吴春雅，2019）。李文龙等（2019）以内蒙古牧区调研数据为例研究发现，民俗文化、中心城镇可达性和居住集聚性对农牧户社会资本可利用度具有重要影响。也有研究发现，农户不管是经营农业还是外出务工都必须与外部市场发生联系，在此背景下形成相对开放的网络结构并不利于村庄形成强有力的规范（Yamagishi T，1994；曾红萍，2020）。

从社会资本产生的经济激励作用来看，作为一种期望得到回报的社会关系投资，社会资本使嵌入在社会网络中的资源通过在工具性和表达性行动中发挥作用并增强了行动效果（林南，2004；Granovetter，1985）。由于农村社会资本的主体为信任、规范和参与网络等，且蕴藏于农村社会关系网络之中。社会资本有助于农户个体更好地获取社会资源、就业信息以及知识和社会支持，从而使其获得更高的社会经济地位（陈昭玖、朱红根，2011）。比如，农民专业合作组织作为农村地区一种特殊的经济组织形式，在提供现代农业服务、提高组织化程度方面具有绝对优势，而且内部成员形成的社会资本在治理机制方面发挥着重要的作用，同时由于可以嵌入在社会网络中依赖交易者特殊的社会规范和共同信念来维持交易的正常进行，可以有效提高农民收入水平和降低农产品交易成本（崔宝玉，2015；李旭、李雪，2019）。因此，在获取资源的过程中社会资本发挥了信息传递、监督、减少交易成本、"抵押物"替代和降低风险的作用，而且可以通过削弱个体间的不信任程度，进一步提高集体凝聚力进而促进合作（梁巧，2014；Kuhnen，2009）。学者们还从理论上分析了社会资本对交易费用的影响机制（陈劲松等，2013），认为社会资本能够在金融市场上发挥良好的信息传递功能，减少信息不对称，解决农户信贷约束问题（陈芳，2018）。也有研究注意到社会资本在社区治理中可以维持社会秩序、增强社会凝聚力和改善人们的生活质量，并且指出社会资本总量和分布决定了社区认同感、凝聚力以及社区治理的绩效（王思斌，2000），尤其在农村典型的"熟人社区"，农户环境治理参与能力和社会基层配合程度是决定环境政策能否成功落地的关键因素（杜焱强等，2016）。

2.2.3 农户正规借贷行为及其相关研究

2.2.3.1 农户正规借贷行为特征的相关研究

目前，众多国内外研究一般认为对于正规金融的研究起始于对正规贷款用途的探讨。比如，学者们研究发现，发展中国家贫困地区农户对正规借贷的需求以生产性为主，而对非正规借贷的需求以消费性为主（Khandker，2003）；还有学者研究提出农户的正规贷款主要解决农户的发展问题，而非正规借贷主要用来解决农户的生存问题（林毅夫，2000；汪三贵等，2001；李晓明等，2006）。李锐和朱喜（2007）、丁志国等（2011）认为农户只有当融资规模不够时才会向正规金融机构融资，而非正规金融仍是农村大多数农户的首选渠道。需要强调的是，也有学者得出不一样的结论，如黄祖辉和刘西川（2009）研究发现，非农经营收入占总收入的比重对农户正规借贷需求影响并不显著，而对其正规借贷可得性有正向影响。研究结论显示农户从事非农经营或非农经营收入高则参与正规借贷市场的程度高，农户获得正规贷款的概率会高于其他类型农户，但不能证明此类农户一定存在非农经营信贷需求。因为非农经营收入高的家庭可能自有资金充裕，不需要寻求借贷，或者即使农户存在正规借贷需求，也很可能是非生产性的。而以往国内外众多学者普遍认为，欠发达地区农户的正规借贷需求大多是以生产性和非农经营性为主，因此以上两类研究存在观点的不一致（Manfred Z.，1994；Pham Bao Duong，Yoichi Izumida，2002；F. N. Okurut，A. Schoombee，S. Van Der Berg，2005；汪三贵、朴之水、李莹星，2001；何广文、李莉莉，2005）。

　　从农户正规借贷行为选择特征来看，对于农村信贷需求与供给而言，农户和农信社各自面临一个二元决策问题，即农户需要决定是否申请借贷，而农信社需要作出是否对该农户发放贷款的决策（周宗安，2010）。而政府干预和信息不对称是造成农村信贷配给现象的重要原因，信用社等金融机构对农户贷款的决策主要取决于政府的农村金融政策（朱喜等，2006）。作为农户，不管是富裕的还是贫困的，往往存在一种避险倾向，即使有抵押品也不太愿意拿去抵押，从而导致农户不太愿意去正规金融机构贷款（Costa and Kahn，2003）。也有学者研究证实，银行内部的政策委员会成员能够利用自身的特殊优势进行寻租（Durlauf and Fafchamps，2005）。童馨乐（2011）认为以农信社为主的正规金融机构受到农户信贷信息不对称、政府扶持不力以及农村农业生产信贷等因素的影响，使得正规金融的信贷交易成本较高。周脉伏等（2004）和刘莉亚等（2009）认为农户在正规金融机构融资的交易费用比较高，其原因在于农户缺乏抵押和担保，现有金融机构距离农户也较远，导致农户无法有效及时获取融资信息，加之农户自我履约实施机制的缺乏。因此，必须安排贴近农户的金融机构，以降低信息不对称的程度，并充分利用人际信任和自我履约机制。但是在西部传统农业区域，农户借贷资金更多地投向了借贷需求强烈且资金需求量较大的农户家庭，主要倾向于消费项目和投资回报率较高的农业产业化项目（霍学喜等，2005）。尤其是农户在抵押条件下难以获得正规金融机构的信任，非制度信任则能够驱使农户信用意识增强，守信程度较高，农户则会倾向于选择优先偿还正规机构贷款（熊学萍等，2007；孔荣等，2009），而且农户借贷资金需求量较大的非农经营农户主要依靠正规金融（贺莎莎，2008），反之则来自非正规金融机构（何广文，1999；熊建国，2006；孔荣等，2009；马晓青等，2010）。

2.2.3.2　农户正规借贷行为影响因素的相关研究

（1）农户正规借贷需求及其影响因素。

国内外相关研究认为农户信贷需求的影响因素主要有家庭禀赋特征，包括户主年龄、户主受教育年限、耕地面积、劳动力比率等（褚保金等，2009）；农户家庭结构、人口特征、农户家庭收入、生产经营特征等也会对农户贷款需求决策产生影响（金烨、李宏彬，2009；周宗安，2010）。除此以外，还有贷款成本和抵押能力。一般采用贷款利率水平变量反映贷款成本（Kochar，1997），采用资本变量反映农户的抵押能力，包括在政府部门工作的亲友数、年初金融资产净值、生产性固定资产净值和耐用消费品净值等指标（褚保金等，2009）。还有学者认为，农户信贷需求对利率缺乏弹性，农户更关心贷款可得性（Morduch，2000），国内相关研究的实证分析结果也倾向于支持这种观点（韩俊等，2007；钟春平等，2010）。但是，刘西川等（2014）的经验考察表明，利率水平显著影响农户正规借贷需求，高收入农户正规借贷需求更强且获得机会更多，农户正规借贷需求呈现明显的非农化、大额化倾向。由于信息不对称、交易成本过高及信贷机构经营模式缺陷，农户普遍具有的正规借贷需求未能得到有效满足（张海洋等，2012）。农户的信贷需求以中短期小额信贷需求为主，而且农户具备有效借贷需求，却因信贷配给而无法得到正规借贷的现象很是普遍（朱喜、李子奈，2006；王定祥等，2011）。而农户正规贷款可获性低有可能是农户信贷需求不足造成的，因此如果不考虑农户对正规贷款产品的需求情况则可能会放大信贷约束的程度（Pal，2002），在忽视信贷需求的情况下，单纯增加信贷供给甚至可能无助于真正提高一般农户和农户中低收入群体正规贷款的覆盖率和福利水平（黄祖辉、刘西川、程恩江，2009）。

学者们研究还认为，农户对金融机构信贷政策的了解和认知、农户的生产性支出和农户住房与耐用消费品总折价对农户正规借贷需求有正向影响，而家庭总收入对农户正规借贷需求则有负向影响（易小兰，2012）。学者们通过研究还发现绝大多数中低收入农户群体都具有信贷需求，集中于对中短期小额信贷的需求，但实际获得与所需借贷金额相符的贫困型农户较少（王定祥等，2011）。除此以外，实证研究发现务工收入对贫困地区农户正规借贷需求有负向影响作用（黄祖辉等，2009）；农户社会资本拥有状况对农户自身正规借贷需求也具有正向影响（王修华等，2012；徐璋勇等，2014；张海洋等，2015）。严太华、刘志明（2015）研究也显示，农户家庭社会网络的维系能够显著提高农户的正规借贷需求，而且表现为家庭资产规模越大，农户的正规借贷需求也越旺盛。

（2）农户正规借贷可获性及其影响因素。

国内外学者对农户正规借贷可获性的研究主要体现在基于不同视角和样本数据进行的深入的实证研究，农户现阶段的正规借贷可获性表现出新变化与新特点。比如，被调查农户的受教育程度、家庭年收入水平、购买农业保险情况、农村金融机构对农户的信任程度以及农户对违约的心理感受均对农户正规借贷可获性表现出显著的正效应，而农户家庭负债水平、农户能够承担风险的最大意愿程度以及以往违约行为情况表现出显著的负效应（孔荣等，2010）。农户对金融机构相关政策的了解程度和以往借贷经验对其贷款可获性也会产生影响（史方超、董继刚，2015）。谢彦明（2008）通过对农户在农信社融资行为进行调查，研究结论表明户主对农信社的了解以及在农信社的贷款额度和贷款效率对农户信贷的可获性均有显著影响。何明生等（2008）认为研究农户在正规金融市场上受到的信贷约束程度以及信贷资金缺口是必要的，而且提出农户实际借款数并不能反映农户的真实贷款需求。

还有部分学者进一步分析了农户正规借贷可获性较低的原因。首先，造成很多农户并不能从正规金融渠道获取信贷的原因是受政府隐性担保的正规金融机构无法在所有的经济领域全面覆盖其金融服务，因此农村正规金融的"缺位"和资金约束使得农户生产经营活动面临窘境（姚宇、李善燊，2009）。造成农户参与正规借贷市场程度低的主要原因还在于供求不匹配，其中非农经营收入对农户正规借贷可得性存在正效应（黄祖辉等，2009）。也有学者基于全国农村固定观察点数据实证研究发现，农村金融市场化改革显著降低了广大农户的正规借贷可获性（汪昌云等，2014）。同时，大多数信用社只是简单地将改革利率看作高息揽储和高息放贷的工具，并没有建立起灵活的定价机制，结果实行无区别的上浮反而使得农村融资成本加大，农户信贷可得性降低（周立，2010）。平新乔等（2012）则提出制约农户正规借贷可获性的重要原因是道德风险和有限责任。从农户自身因素来看，户主的文化程度、农户家庭劳动力数量和农业生产能力对农户获得正规金融借贷具有显著的正向影响，而其年龄和家庭土地经营数量有显著的负向影响，即户主的年龄越小，文化程度越高，以及家庭总体的农业生产能力越强，则获得正规金融借贷的概率越大（马艳艳等，2015）。

2.2.3.3 农户正规借贷行为经济效应研究

发展中国家陷入贫困恶性循环的主要原因在于资本缺乏与资本供给形成严重不足（Nurkse，1953），而金融发展由于放松了信贷约束，使低收入人群有机会获得金融服务，从而有利于降低收入分配不平等程度并促进贫困缓解（Galor and Joseph，1993）。从现有研究来看，国内外学者普遍认为农户由于信贷资金缺乏，农户生产效率、技术选择、食品安全、健康与营养等方面会直接或间接受到负面影响（Petrick，2005；李锐，2007）。比如，国外学者的经验研究发现，农户正规借贷约束主要受农业收入占比、土地面积和家庭规模大小等因素的影响（Mohieldin and Wright，2000）。农户拥有资产数量、与信贷机构的距离、收入水平等因素显著影响其参与信贷市场的程度（Atieno，2001），而中国农户则面临着更为严重的信贷约束（白永秀等，2010；董晓林等，2010）。

大部分学者认为通过改善借贷行为可以提升农户福利水平。孟加拉作为全球小额信贷的起源，多项正规借贷项目研究显示，正规借贷对许多农户家庭的总产出具有决定性影响，而且还能为农户中低收入群体家庭带来更实际的福利（Pitt and Khandker，1998）。坎克尔（Khandker，1995）基于印度农户正规借贷数据分析，认为农户家庭发生正规金融借贷后其收入水平和劳动生产率得到了显著提高，甚至促进了借贷农户所在社区更好的发展。相关实证研究也得出同样的研究结论。比如，拉布德（Rashid，2003）利用两阶段模型分析了巴基斯坦农业信贷对农村家庭福利的影响，发现农业信贷有助于提高农民家庭福利，但同时发现给农村富裕家庭带来的福利远远大于贫困家庭。伯吉斯和潘德（Burgess and Pande，2005）通过利用印度农村基层农业信贷协会数据分析农户中低收入群体直接参与金融活动对农村贫困的影响，研究发现随着银行机构在农村设立的数量的增加，农村贫困发生率随之而降低。国外学者格达（Geda，2006）、珍妮和普达（Jeanneney and Kpodar，2011）等通过实证检验均发现金融具有显著的直接减贫效应，而类似的实证检验来自国内学者陈银娥和师文明（2010）、姚耀军和李明珠（2014）、吕勇斌和赵培培（2014）等的研究。

但是也有国内外学者研究认为农村正规借贷扩张对农民增收不一定完全起到促进作用，反而可能会构成抑制作用（温涛等，2005；Maurer and

Haber，2007；余新平等，2010；周一鹿等，2010），也可能进而拉大农户收入差距（孙玉奎等，2014）。虽然金融发展可促进储蓄和资本形成，但是金融深化意味着为富人提供更为周全的服务，资金主要流向富人，这势必会加剧收入分配不平等状况（Maurer and Haber，2007）。资金作为农村经济发展的关键要素，但由于农业本身的弱质性、高风险性，导致农业投资不足，加之资本的逐利性和农村金融资源的逆向流动，也导致农村资源的逆向扭曲配置，这些因素成为阻碍农村经济发展和扶贫建设最大障碍（申云，2016）。金融发展的直接减贫作用在长期内并不显著，只在短期内有效（杨俊等，2008）。随着农户人均收入不断提高，农户正规借贷获得额显著增加，但同时面临正规借贷抑制未能真正缓解，反而使正规借贷约束加重的窘境（彭克强、邱雁，2017）。也有学者考察了金融发展与贫困减缓之间的非线性影响，但对这种非线性关系的存在性又缺乏合理的理论支撑（师容蓉，2013；苏静，2014）。

2.2.4　社会资本对农户正规借贷行为影响的相关研究

2.2.4.1　社会资本缓解农户信贷约束的作用机制

从社会资本视角探讨如何缓解农户信贷约束的问题已越来越受到学者们的广泛关注。普特南和赫利韦尔（Putna and Helliwell，1995）认为社会资本是能够通过相互协调来提高效率，从而产生信任和网络规范，推动组织间互利性协作与配合的一种横向的联系网。农户社会资本建立在以地缘、亲缘和血缘为基础的关系之上，可以通过增加信任和加速信息流通等方式节约交易成本（Putnam，1995），通过弱化金融交易中的信息不对称来改善信贷供给，也有助于缓解农户面临的信贷约束问题（Van Bastelaer，2000；马九杰，2008）。在金融市场运行中，社会资本同样起着关键性的作用（Guiso，2004）。在农村信贷市场固有矛盾和现实约束条件下，解决信息不对称问题最有效的方法是发展信用网络组织，从而缓解农村融资困境（金正庆等，2009），其中农业合作社的发展对农村信贷也具有微小的缓解作用（韩俊，2007）。除此以外，农户间抵押担保和互相监督机制能够消除银行和农户之间的信息不对称，并通过改变两者的博弈结果来增加整体利益（王维，2011）。

社会资本包括社会网络信任规范等在内的人情关系、声誉、口碑等，农户的借贷行为大多情况下都是建立在彼此信任和情感的基础上，很少通过正式的抵押和合同的形式执行（张建杰，2008），而社会资本也能在一定程度上对正规金融进行替代（赵振宗，2011）。社会资本也能在一定程度上增强正规金融机构对金融市场的信息获取能力，从而影响其经济绩效（许月丽等，2013）。同时，社会资本作为农户关系网的基本载体对正规借贷行为有重要作用。正规金融机构抵押条件的限制在总体上降低了农户贷款的可获性，而社会资本可以影响农户借贷行为，通过改善制度环境而增加农村地区的贷款规模（范香梅、张晓云，2012；刘成玉等，2011），也可以说农户拥有较高社会资本使其更容易从正规金融机构获得贷款（曾康霖，2001；叶敬忠等，2004；童馨乐、杨向阳，2013）。法肯姆普斯和伦德（2003）、法肯姆普斯（2006）、法肯姆普斯和古贝特（2007）也通过研究发现社会资本具有降低信息不对称和分担风险的作用。

2.2.4.2 社会资本对农户正规借贷可获性的影响

农户会受到关系网络中其他成员的影响，其作为生产经营决策的微观主体，行为决策与资源关系网络密不可分，并非完全孤立存在（Granovetter，1973）。个体之间经常性互动和联系会扩展彼此的借贷渠道，并在决策过程中获得更多的信息来源和信息内容，社会交往网络的规模和差异可以有效弥补、丰富农户自身资源禀赋的欠缺，进而提高个体对借贷决策的认知以及风险的预判，有利于农户借贷行为的发生。国内外有诸多学者利用微观调查数据针对社会资本与农户借贷之间的关系进行了大量实证研究发现，社会资本对农户正规借贷可获性有着重要的影响。比如，胡士华和李伟毅（2011）发现随着信任水平的提高，获得正规借贷的可能性也会提高。中国作为典型的重视"关系"型国家，人们之间社会关系交往会直接或间接地影响到其金融行为（黄勇，2009）。孙永苑等（2016）运用2011年中国家庭金融调查（CHFS）的数据研究发现"关系"显著地提高了家庭获得正规借贷的能力。金烨和李宏彬（2009）发现关系增加了获得正规借贷的额度。春节期间来访的亲戚朋友和家庭成员中的党员数多也可以提高获得正规金融机构借贷的可能性（胡枫、陈玉宇，2012）。众多学者也认为，在同一个理论框架下实证分析社会资本对农户正规借贷可获性的影响，必须充分考虑农户正规借贷的有效需求与供给，选择能较好避免多元Logit 模型部分缺陷（朱喜、李子奈，2006；徐璋勇、杨贺，2014；李庆海等，2017）的双变量 Probit 模型，即通过建立需求可识别的双变量

Probit 模型，有助于全面分析农户正规借贷行为及其影响因素的问题，也有助于解决已有研究模型中因遗漏不同维度社会资本变量带来的有偏估计问题。

从农户正规借贷供给方面来看，农户由于缺乏足值抵押物以及金融机构和农户间存在的信息不对称，金融机构难以有效判断农户的真实还款能力。发展中国家由于正规金融机构信贷配给的普遍存在和特定目标信贷计划加重了农户的信贷约束，其农户中低收入群体更是因交易成本高、抵押品少及信用记录缺失而被排除在正规金融市场之外（Carter，1988）。正规金融机构利用社会资本的影响机制可以使借款人还款概率提高，以降低监督和交易成本（张晓明、陈静，2007）。在这种情况下，农户信用成为正规金融机构放贷决策的首要标准，拥有较高社会资本的农户更容易成为农村正规金融机构的放贷对象（叶敬忠、朱炎洁、杨洪萍，2004）。正规金融机构应充分利用农户社会资本，最大限度地扩展自己的业务以缓解农村借贷难的问题（严武、陈熹，2014）。

从不同类型社会资本的影响来看，社会资本以不同的方式影响对信贷的获取，所以应该具体分析每种类型社会资本产生的影响（Ghatak，1999）。具体而言，高水平的社会资本可以增加成员之间的信任，社会资本在高水平上的流动可以加强成员在分享贷款方面信息的贡献，从而更有助于借贷的获取（Cassar，2007）。农户社会网络可以缓解借贷中面临的逆向选择与道德风险（马光荣、杨恩艳，2011），其中农户政治资本和乡邻资本可以显著提升其贷款可得性（童馨乐等，2011）；农户与正规金融机构之间因以往借贷经历而建立的信任与合作基础，逐渐也成为农户借贷的无形抵押品，不但提高了借贷效率，也有效降低了违约现象的发生（梁爽等，2014）；农户家庭地位和声望也可以有效提高农户获得正规借贷的能力（孙永苑等，2016）。也有学者从社会资本关系强度、融资渠道与农户借贷福利效应之间的关系进行研究，发现农户借贷的发生依赖其关系强度，而正规金融渠道借贷更有利于农户福利提高（周小刚、陈熹，2017）。

2.2.5　农户生产性投资决策及其影响因素相关研究

农户的生产性投资行为一直是农业经济学领域研究的热点问题。目前，学术界从不同层面出发对农户的生产性投资行为及影响因素进行了深入的研究，现有相关文献主要关注了土地产权的稳定性、资金可得性、农地经营规模、劳动力转移、政策变化等因素对农户农业生产投资的影响，研究视角较为多元化。经济因素无疑是影响农户投入行为的重要变量，但不能因此而忽视社会资本所起到的作用。近年来，学术界开始从农户的社会资本视角出发研究其对生产性投资行为的影响。本书从社会资本等角度对农户农业生产性投资相关影响因素进行文献梳理。

2.2.5.1 不同视角下农户生产性投资决策研究

针对传统农业的生产性投资，学者们主要检验了农户资本禀赋、地权稳定性、资金可得性、劳动力转移、农地规模、农业收益、农地承包期限、投资机会、农户分化等因素对其具有显著影响（Feder et al.，1992；Jacoby and Liand Rozelle，2002；刘承芳等，2002；许庆、章元，2005；Brauw and Rozelle，2009；方鸿，2013；常子豪等，2014；张童朝等，2017；焦娜，2018；钱龙、钱文荣，2018）。针对转型时期农户的生产性投资，学者们将信贷配给、土地产权、农地流转市场等因素也纳入影响农户生产性投资的分析框架中（朱喜等，2010；钟甫宁、纪月清，2009；郜亮亮等，2011；柳凌韵、周宏，2017；张建等，2019；陈新建，2019）。关于农户农业生产性投资及行为的影响因素的现有研究，因研究目标特征、范围等不同而产生的影响显著性也不尽相同，但是以上成果为农户农业生产性投资研究提供了重要的参考价值和研究基础。

（1）从资金可得性角度来看。如刘易斯（Lewis，1988）在研究澳大利亚农业时发现资本的使用成本是影响投资的重要因素。斯蒂格利茨（Stiglitz J E，1981）从是否强调金融变量对农户生产性投资行为产生作用方面探究，认为已有研究可以分为两种观点：一种观点是假定农户投资资金的可得性不受限制；而另一种观点则强调金融变量在农户投资过程中的重要作用。农户对农业的资金投入已成为增加农业投入的关键因素之一（刘玉振等，2005）。农户在农业基本建设和农业生产中缺乏对固定资产方面的长期投资，主要因为农户自有资金占有量少和投资资金来源短缺，同时也限制了农户通过投资去追求较高的利润（张清慧、唐萍，2002）。诸多研究也表明，信贷约束使得农户难以接近当地金融资源，也阻碍了农户的生产发展，更为严重的是致使经济发展水平低的农村地区陷入资金外逃和经济发展落后的恶性循环（王志军，2007；何德旭等，2008；许圣道等，2008）。卡特和奥林托（Carter and Olinto，2004）研究发现，农户受到信贷约束对其农业生产具有负向影响。但是费德（Feder，1990）研究认为，中国农村地区居民的信贷需求主要源自生活消费，而生产性贷款没有全部用于生产而部分地用于了消费。福尔茨（Foltz，2004）以坦桑尼亚为例，分析了信贷配给对农业投资回报率的影响，发现信贷约束显著地降低了农业的收益率，主要体现在不同的信贷约束条件下，土地、劳动力、生产技术等要素的投入比例会不同。

（2）从土地产权的稳定性角度来看。戈尔斯坦（Goldstein，2008）以加纳为例研究发现地权稳定性与农业投资正向相关。贝斯利（Besley，1995）和芬斯克（Fenske，2011）认为农地产权稳定对农户的土地投资有积极影响，主要表现为肥料使用（何凌云、黄季焜，2001）、农地资源持续利用（俞海等，2003），而农地有机肥投入是长期投资行为（黄季焜、冀县卿，2012）。胡雯等（2020）研究发现，农地产权不直接作用于农户生产投资决策，而是通过农地流转的资源配置行为间接地刺激农户短期化和长期化的投资行为。林文声等（2017）研究提出农地确权主要通过地权安全性、地权可交易性和信贷可得性促进农户农业投资。

（3）从农地经营规模的角度来看。郭敏、屈艳芳（2002）研究认为除农地规模外，农户收入、农地收益、农业贷款和土地承包期限跟农户投资行为存在明显的正相关关系。陈铭恩和温思美（2004）引入非农产业对农业的替代、土地产权强度、农业投资边际收益作为影响因素，在此基础上进一步进行了实证分析，结果发现农业基本生产条件（如农田水利设施）因投入不足直接降低了农业投资的回报水平。张改清（2005）认为农户投资呈现规模小、力度不足、分布不均的特征。只有扩大农户经营规模，才能真正解决中国农户农业生产投资不足、效率低下、缺乏规模经济等问题（钟甫宁、纪月清，2009）。另外，农业生产中存在地块规模经济，即农产品单位生产成本随土地规模的扩大而递减的现象，扩大土地规模会降低农机使用成本、降低亩均劳动投入以及提高土地投资的概率（顾天竹等，2017）。

（4）从政府政策变化的角度来看。农业投资理论认为政府对农业的发展发挥举足轻重的作用（Schultz，1992）。伴随我国经济的迅猛发展以及重构微观农业投入机制的要求，激励农户的农业投资行为成为我国农业投资新的发展方向（黎东升等，2001）。费德和陈欧（Feder and Orchan，1987）对农户投资与各项制度间的关系进行研究认为，农户对住房的投资比总生产投资多不利于农户对农业的投资。林毅夫等（1994）利用农户调查资料对抑制农户农业投资的潜在因素作了计量分析，发现对土地重新分配的忧虑并不明显地妨碍生产性投资。而相对价格的下降会促进农户对现代生产要素的投入，进而影响投资（Zhu and Yang，2007）。

（5）从劳动力转移角度来看。部分研究还发现农户家庭成员外出务工带来收入增长，农户会优先购置农业生产性资产，显著地促进了农业生产投资。比如，农户非农收入的增加可以促进农户的生产性投资，对提供资金流具有收入效应（De Brauw and Rozelle，2008）。泰勒（Taylor，2010）通过对危地马拉农户调查研究发现外出务工促进了农户在农业生产中施用更多的肥料。国内学者均基于农户层面的微观数据分析研究发现，外出务工促使农户购买更多的农业机械，家庭成员的非农汇款也有助于农户在水稻生产中投入更多的农药，而且非农就业机会的增加有利于提高整体农户农业投资水平（Zhao，2002；钱文荣、郑黎义，2010；方鸿，2013）。但是也有学者通过微观调查提出了不同观点，比如，有学者依据重庆市调研数据发现相对于没有外出务工的农户，有外出务工的农户在单位土地上投入的化肥和农药都较低，可能农户从事非农就业机会越多，则对农业长期投资的激励就越低（许庆、章元，2005；Qin，2010）。同样有研究也发现家庭成员外出务工比例的提升，农户收入结构中非农份额的增加，会减少农户购买农业生产工具（Wu and Meng，1996；Ji and Yu，2012）。

（6）从研究方法来看。现有研究主要选择了 OLS 估计（许庆、章元，2005；方鸿，2013；杨芳等，2019）、Logit 模型（刘荣茂、马林靖，2006；崔景华等，2018；聂英等，2015）、Probit 模型（常子豪等，2014）、双对数计量模型（郭敏、屈艳芳，2002）、Heckman 两阶段模型（刘承芳等，2002）、Tobit 模型（李庆海、李锐，2012）、面板动态自选择百分数因变量模型（严立冬、陈胜，2016）和内生转换回归法（杨丹等，2017）等研究方法。

2.2.5.2 社会资本对农户生产性投资决策的影响

国内学者对社会资本的研究大致从 20 世纪 90 年代中期开始，并将其引入经济学、社会学等研究范畴进行了较多理论分析和实证研究。在中国农村社会，作为一种社会资源综合体存在的社会资本包含社会信任、社会网络和社会参与等，它能够使信息和计划在一定范围内公开，使农户能更准确有效地参与公众行为决策（赵峰娟等，2011）。社会资本可作为正式制度补充的一种非正式制度，是利益相关者在个体或集体行动中获得和利用嵌入在关系网络中的资源（Lin，2001）。国内外已有研究显示，社会资本在提升农户收入、增加就业机会、减少贫困、风险分担和信贷可获性等方面都有不同程度的作用（章元、陆铭，2009；Kinnan C，Townsend R，2012；王恒等，2019；梁爽等，2014）。同时，已有研究多以农户特征、收入水平、土地规模等显性变量去解释农户生产性投资行为，而忽视了农户的社会资本等隐性变量的引入，相关文献也较少。

孔祥智和史冰清（2008）通过农户对用水协会参与意愿的研究得出社会资本对农户的经济行为有一定影响。赵峰娟（2011）对陕西省洛南县核桃种植户的调查数据进行实证研究发现农户的社会资本对其参与农业生产的积极性有显著正向影响。杨芳等（2019）以中国家庭追踪调查CFPS2016 为数据基础，以社会网络为视角进行理论分析和实证分析，发现社会网络显著正向影响农户生产性投资（包括流动性投资和农业固定投资）。郑重和朱玉春（2014）认为农户对农业基础设施投资参与行为的选择并不完全是理性选择的结果，在特定情境下会受到农户的社会网络限制。

2.3　国内外文献述评

综合上述分析，国内外学者们分别对社会资本、农户正规借贷可获性和农户生产性投资行为进行了一系列相关研究，并取得了较为丰富的研究成果。尤其近年来，从社会学和经济学两大领域来看，社会资本已经成为广受关注的研究主题。同时，国内外学者们基于农户社会资本的异质性，分别从社会资本对农户正规借贷可获性和农户生产性投资行为产生不同的作用机制和影响路径进行了诸多深入探讨，为本书后续研究提供了坚实的理论参考，并起到了重要的借鉴与指导作用。

但是通过以上文献梳理和总结发现，现有研究仍存在以下不足：一是虽有部分学者已经实证分析了社会资本对农户正规借贷可获性的影响机理，但较多研究从正规借贷的供给视角或农户需求视角的单向选择问题进行研究，而同时考虑农户正规借贷需求与供给是否"匹配"的相关研究较少。二是很少有学者的相关研究从供给与需求两方面引入社会资本因素，并将农户所拥有的社会资本进行细化，再深入探究社会资本对农户正规借贷的影响的机理与异质性，从而精准识别农户正规借贷行为影响因素，进一步优化金融机构与农户有效的信息沟通机制，以切实解决生态移民迁入区农户融资难、抵押难等现实问题。三是农户的生产性投资行为一直是农业经济学领域研究的热点问题，现有研究对农户农业生产性投资的影响机制的分析多是基于土地产权的稳定性、农地经营规模、劳动力转移、政策变化等角度，而经济因素无疑是影响农户生产性投资决策行为的重要变量。现有研究通过多元化视角对农户的生产性投资行为及影响因素进行了深入研究，但是往往忽略了社会资本的异质性对农户生产性投资行为所起到的重要作用，缺乏以农户社会资本为切入点，探究不同社会资本对农户生产性投资的直接影响机理，同时现有研究缺乏对农户正规借贷可获性可能在其中发挥的中介效应而进行的实证检验。

本书首先结合社会资本理论和农村金融理论，从需求与供给两个角度解释社会资本对农户正规借贷行为影响的机理与异质性，精准识别农户正规借贷行为的影响因素，为进一步优化正规金融机构与农户有效的信息沟通机制，建立与之相适应的正规金融服务的供给制度，切实解决生态移民区农户融资难、抵押难等现实问题。在此基础上，本书主要以宁夏生态移民区 554 户农户初始调研数据为基础，引入社会资本因素，并将农户拥有的社会资本进行细化，并通过运用 Biprobit 模型从供给与需求两方面深入探究社会资本对农户正规借贷行为的影响机制，以期通过研究结果为生态移民迁入区提供最优化资源配置与支持，为不同农户群体提供具有针对性的金融服务，目的在于为有效解决生态移民迁入区农户信贷约束和改善农村金融环境提供理论参考。

最后，再次结合相关经济学理论，构建"社会资本—正规借贷可获性—农户的生产性投资"的分析框架，回答"社会资本对农户的生产性投资是否会产生激励作用？"以及"社会资本是否会通过正规借贷可获性对农户生产性投资行为产生中介效应？"本书以农户社会资本为切入点，充分考虑社会资本的分化，从理论分析框架构建和实证检验两方面探究社会资本对农户生产性投资决策的直接影响机理，以及农户正规借贷可获性可能在其中发挥的中介效应进行实证检验，从而提出构建激励和引导农户农业生产性投资合理化的内生动力机制和相应政策措施，其目的在于不断扩展和完善农户生产性投资行为研究的路径及理论体系，也为深化生态移民迁入区农业现代化发展和实现乡村振兴战略提供一定的理论参考。

第 3 章

理论基础与分析框架

3.1 理论基础

3.1.1 社会资本理论

社会资本理论（social capital theory）主要兴起于 20 世纪七八十年代，于 90 年代后期逐渐被经济学、社会学以及政治学等学科关注，并成为多学科交叉研究的热点和前沿问题，弥补了已有理论"社会性不足"的缺陷。一般认为，社会资本是 20 世纪 70 年代后期由法国著名社会学家布尔迪厄正式提出，经詹姆斯·科尔曼（James Coleman）、罗伯特·帕特南（Robert D. Putnam）、弗朗西斯·福山（Francis Fukuyama）和林南（Nan Lin）等学者进一步应用和发展，继而成为各界重点关注的概念与分析范式。虽然国内外研究成果丰富，但是由于研究视角不同，研究的背景和范围不尽一致。学术界在社会资本的相关研究方面获得了显著成果的同时，在社会资本内涵、测量维度等基本问题上产生了分歧，尤其表现在测量方法、指标的认识方面。接下来，将按照社会资本特征、社会资本的测度以及社会资本理论发展历程进行阐述。

3.1.1.1 社会资本特征

科尔曼（1988）对社会资本特征的阐述得到了大多数学者的认同，即社会资本与物质资本、人力资本等资本形式相比较，具有不可让渡性（与拥有者共存，并且有使用范围）、互惠性、可再生性（可以通过使用和投入而增加）和公共物品性。其中，公关物品的特性导致社会资本往往投资不足，而且很容易被破坏。帕特南（2001）认为社会资本的特征还主要体现在人际关系网络中，它可以将人们的亲朋好友、社区、工作及生活联系起来。后续随着学者们对社会资本的研究，不断地增加了其内涵，也体现出社会资本的资源要素性。也可以认为社会资本存在的基础在于个体构成的社会网络，而个体可以通过与其他个体形成的必要的社会联系而获取到其中的稀缺资源（Granovetter，1985），也就是通过社会网络或社会组织的成员身份而获得调动稀缺资源的能力，并利用成员身份获取工作及贷款资助的机会。

国内学者们认为，传统历史文化决定了中国丰富的社会资本存量，传统社会中社会资本是个人和集体生存和发展的关键（王春超、周先波，2013），社会资本理论将信任及互惠规范、公民参与、正式制度和非正式制度等引入经济发展的传统研究中（苗红娜，2015）。社会资本因其具有层次性和差异性特征，在不同人群中的存量不同，即同一个地区两个不同组织或同一国家两个不同地区，或同一组织不同历史阶段，社会资本存量不同（谢治菊、谭洪波，2011）。而且根植于传统乡土社会的声望分层是随着村民在日常生活中的互动展开的，且建立于主动的社会人情让渡基础上，体现出较强的流动性（杜鹏，2017）。

3.1.1.2 社会资本的测度

国内外学者运用很多变量对一个组织、一个社区甚至是一个个人的社会资本存量进行了测量和分析。从现有的文献来看，学界对于社会资本的测量基本上包括个体社会资本的测量和集体社会资本的测量，比如通过信任、公共参与、社会联结和社会规范来测量社区、组织等所拥有的社会资本量（黄晓红，2009）。普特南（1993）对社会资本的测量更倾向于结构方面，即社会团体参与的广度和深度以及公民政治行为。巴罗（Barro，1991）运用公民政治指标来衡量社会资本；克纳科和基夫（Knack and Keefer，1995）则认为信任是社会资本最重要的衡量指标。在对社会资本的研究中，世界银行则开发主要包括结构维度和规范维度指标系统的 A－SCAT（Social Capital Assessment Tools）测量工具。

目前，国内学者的研究中对于社会资本指标的测度大多使用单一指标，比如农户拥有的社会资本可以用逢年过节的礼金支出、社会职务、家庭成员中的党员和亲友个数等变量来衡量（叶敬忠等，2004；赵剑治、陆铭，2009；谭燕芝、张子豪，2017；陈钊等，2009；胡枫、陈玉宇，2012；牛喜霞，2018）。隋广军和盖翊中（2002）作为国内研究测量社会资本模型最早的学者，在测量城市社区的社会资本模型中则采用社员参与组织活动、邻里关系、家庭联系、信任安全感、社区规范、社会价值观和其他因素七个方面。也有学者尝试将社会资本分解为总存量和子项存量以建立社会资本存量模型进行测度（王积超，2004）。

　　社会资本多维度的测度方法研究较少，现有研究中主要使用主成分分析的方法对社会网络进行综合测度（柴时军，2016），还有就是利用因子分析方法构建社会资本量表（桂勇、黄荣贵，2008；赵延东，2006；秦海林、李超伟、万佳乐，2019）进行测度。比如，赵延东（2006）则创造性地从微观层面将测量个体社会资本和宏观层面测量集体社会资本的相关指标同时纳入一个研究框架中，建立测量城乡居民社会资本信任维度和公共参与维度，其中信任维度包括制度信任、陌生人信任和熟人信任，公共参与维度包括一般公共参与和特殊公共参与。桂勇、黄荣贵（2008）以上海的城市社区作为研究单位确立 8 个维度的社区社会资本测量指标，最终提取地方性社会网络、社区归属感、社区凝聚力、非地方性社交、志愿主义、互惠与一般性信任和社区信任 7 个因子。

　　"三农"问题也是国内学者研究社会资本的重要领域。最早具有代表性的是张其仔（1999）运用西方社会网络理论对福建省某村庄社会网与经济生活进行了案例分析。随后，国内学者对农村社会资本的测度进行了比较丰富的研究，开始比较全面地从正式网络、非正式网络、规范信任、社区参与、社会支持维度来测度农村社会资本（贾先文，2010；裴志军，2010；谢治菊、谭洪波，2011）。而且基于此，学者们还将原来的"社区参与"维度细分为"一般社区参与"和"特殊社区参与"两个维度，同时又考虑到信任维度和"差序格局"的人际关系结构联系，提出了从合作、共享、互惠、特殊参与、一般参与、社区归属、熟人信任、制度信任、普遍信任 9 个维度测度农村社区社会资本（牛喜霞、汤晓峰，2013）。

　　基于以上归纳和总结发现，现有研究基于不同的视角对社会资本不同维度进行了详细说明和划分，在对社会资本的测度上则表现出多样性、复杂性和丰富性等特点，现有研究成果为本书中社会资本的测度提供了良好的理论基础和实证研究的重要借鉴。

3.1.1.3 社会资本理论代表性观点

（1）布尔迪厄的观点。如果按照社会资本理论出现的时间先后介绍主要代表人物的理论观点，最早是 20 世纪 70 年代法国社会学家布尔迪厄（1980），系统表述了社会资本概念并将"社会资本"概念引入社会学领域，由此也揭开了关于社会资本理论研究的序幕。他认为社会资本是与某体制化的关系网络相联系的实际的或潜在的资源的集合体，是以社会联系组成的，这种资本在一定条件下也可以转换成经济资本。因此，对社会资本的界定即人们在社会交往过程中所形成的情感关系或资源交换，其主要构成要素是信任、规范与关系网络。

（2）科尔曼的观点。科尔曼（James S. Coleman，1988）从功能主义视角对社会资本进行了详细的阐释。科尔曼认为社会资本的重点内容仍然是"资源"，而且包含两个要素，分别是组成社会结构的某些方面和便利了结构内个体的某些行动。并从理性选择的角度对社会资本进行了全面解释，即认为社会资本就是蕴含于社会结构与人际网络关系中为个体所拥有的，且表现为社会结构资源的资本财产。他还认为社会资本具有公共物品的性质，并进而分析了影响社会资本的因素。有些学者认为科尔曼的定义过于模糊而导致了社会资本理论的泛化，尽管如此，科尔曼对社会资本理论的贡献是后来者一致公认的。

（3）普特南的观点。真正使社会资本引起广泛关注的是普特南。普特南按照不同维度将社会资本划分为社会信任、规范与关系网络三个方面，认为社会资本通过三个维度施加影响于治理主体，从而制约了治理成效。普特南基于"博弈论"和"理性选择"等理论分析社会信任、互惠规范与社会关系网络在社会治理中的作用以及彼此之间的内在关联性，其主要观点在于社会资本中社会信任、互惠规范与关系网络等核心要素发挥着凝聚社会合力、恪守社会规范与提高社会运行效率的功能。普特南提出社会信任是社会资本理论的核心话语，社会信任能够促进社会集体行动的有效实现，同时能够降低社会交往成本和提高社会运行效率；互惠规范是社会资本构成的基础要素，可以通过近期的"利他"行为和远期的"利己"行动有机融合以克服集体行动的困境。最后普特南还提出了社会网络可以通过社会成员之间的持续互动来促进紧密联系，不但可以强化社会成员的社会责任感与资源共享意识，也可以增强社会成员对社会共同体的认同感与归属感。因此，社会信任、互惠规范与社会关系网络之间是相互促进，紧密联系的（普特南，2001）。

基于以上理论分析可以得出，普遍的互惠规范能够降低社会成员之间合作的道德风险，提升社会成员之间的信任水平；紧密的社会网络交往能够强化博弈论中所强调的社会关系的重复与联系，进而提升社会个体间的信任度；社会信任水平的提升与社会信任度的增强则有助于社会规范的顺利实现与公众参与网络的构建与稳定发展。

（4）福山的观点。福山（Francis Fukuyama，1998）将社会资本首次引入文化领域，基于不同文化传统的国家社会资本与经济规模的关系进行了比较分析。他的理论观点认为，社会资本是一种有助于两个及以上个体之间相互协作的非正式规范。这种规范从两个朋友的互惠性规范一直延伸到信任、网络、公民社会以及诸如此类的事物，虽同社会资本相关联，但全都属于附带现象，即它们是社会资本的结果，而不是社会资本本身。还提出社会资本是由社会或社会的一部分普遍信任所产生的一种力量。从福山的解释中可以看出，信任既是社会资本的结果，又是社会资本的原因。

（5）林南的观点。美籍华裔学者林南（Nan Lin，2005）认为由于视角的分歧，社会资本理论产生了混乱。林南提出社会资本存在的前提是期望在市场中获得回报的社会关系投资，而社会资本是基于某种目的而在行动中被获取的、嵌入在社会结构中的资源，也可以认为是个体行动者通过社会关系而获取的某些资源。而且从社会结构和个体行动两方面论述了影响社会资本的各种因素。他还认为相对于结构，行动具有同等的重要性，有动机的行动指导着互动，而行动的努力会受到社会结构的制约，行动和结构在获取社会资本时是相互强化的。林南的理论不乏创见性的观点，但是需要大量的实证研究予以检验。

从布尔迪厄、科尔曼、普特南、福山到林南，从微观到宏观，社会资本的理论框架逐渐丰满，但是仍然未达成一致的认识。社会资本是多维度的，很难说哪一种定义更加正确。有人把具有社会组织特征的信任和互惠关系看作社会资本，也有人把社会资本看作行动准则的集合、社会关系的集合或以上看法的综合，无论哪一种观点都是服务于各自的分析目的。

3.1.2 信息不对称理论

信息不对称可以理解为金融市场交易的参与者在掌握交易对象的情况方面存在质和量上的不相等，即一部分参与者没有信息优势，另一部分参与者因拥有信息优势可能凭借其信息优势而获利。关于信息不对称的理论阐述最早可以追溯到哈耶克（1945）的信息不对称思想，主要观点认为不同主体在经济体系中因信息分散而存在不对称现象。此后，许多经济学家继承了这一思想。随后，斯蒂格勒（1961）针对信息不对称问题提出了"搜寻成本"概念，并分析了信息不对称存在的原因，提出了解决信息不对称问题的可能选择。信息不对称引发的主要是隐藏信息问题和隐藏行为问题，其中隐藏信息是由于事前信息不对称而带来了"逆向选择"，隐藏行为是由于事后信息不对称而诱发了"道德风险"。

农村金融市场上当贷方不知道或仅仅知道部分借方信息时，贷款的发生可能因为逆向选择问题而存在较高风险。此类情况下即使借方的真实借贷风险很低，贷方也会通过信贷配给降低预期的风险，即使农户的项目经济可行但难以获得贷款（Stiglitz，1994；Swinnen and Hamish，1999）。从贷方的角度来看，信贷市场上如果借方没有努力管理和使用好资金，或者存在违约改变资金用途行为，借方可能产生道德风险行为，这可能导致借方偿还贷款的能力下降以及风险增加（Swinnen and Hamish，1999）。因此，在信息不对称条件下，资源配置效率和个体的努力程度都将下降，从而引起整个市场的效率下降。同时考虑到贷方监控借方活动的能力限制，信贷配给则可能产生（Stiglitz，1981），而信贷配给使得本来稀缺的农村金融资源更不能充分发挥其效益，同时将大多数农户排除在借贷市场之外。

国内学者们对农户借贷信息不对称的实际状况进行了大量研究。信息不对称、缺乏抵押物和高交易成本是制约农村金融市场的主要因素。其中，信息不对称性在农业贷款的整个申请、获取、使用过程中不但导致道德风险和逆向选择问题突出，而且容易引起信用风险。因此，银行等机构性放贷人在难以获得有效信息、缺乏信用记录的情况下，通常坚持信贷要有抵押物则是为了预防赖账损失（朱喜，2006；周立，2007）。但农村可用来抵押的物品主要是农村的土地、房屋、劳动力以及农机具等，银行大多情况下不愿意接受此类抵押物。然而，农户可用于抵押贷款的有效资产也仅限于宅基地或者农地方面，毫无疑问的是，普遍缺乏有效抵押品依然是制约农户获得金融机构贷款的重要原因（李庆海等，2020）。正规金融机构在提供信贷时经常以农户家庭财产情况或抵押物价值来预判贷款风险。加之受我国土地制度的约束，农户土地普遍是不能抵押的。农户因提供不了有价值的抵押物，信贷需求通常得不到满足，往往被认为是高风险客户而成为信贷配给的对象（张杰，2005；房启明等，2015）。还有学者认为在农户信贷市场，金融机构与农户之间的信息不对称具有结构性特征，主要表现为与农户个体特征相关的存量信息不对称较弱而与客观情况相关的不对称较强、贷款前信息不对称较弱而贷款后信息不对称较强。且农户与金融机构因与贷款合同相关的客观信息具有较强的不可获得性而直接导致了农户信用风险，同时反映出农户在非正规借贷中的信息不对称程度比正规借贷低（胡金焱、张乐，2004；左臣明、王莉，2005）。

3.1.3　农村金融理论

农村金融理论是现代金融发展理论的重要组成部分。目前，研究农村金融理论可分为三个学派，即农业信贷补贴论、农村金融市场论和不完全竞争市场论。从农村金融理论的发展来看，强调政府作用的传统发展经济学逐渐被强调市场力量的新古典发展经济学所取代。受金融发展理论及其政策主张的影响，农村金融理论也在实践应用中不断地完善。

3.1.3.1　农业信贷补贴理论

农业信贷补贴论在 20 世纪 80 年代以前，作为农村金融理论发展过程中主要的理论之一，其重要政策主张为增加农村地区信贷供给，对于发展中国家的农业经济和农村金融政策的制定起到了重要的指导意义。该理论提出实施优惠的定向的农村信贷服务和提供指导性贷款，通过建立政策性金融机构加大农村资金供给力度，在一定程度上促进了农村经济暂时性的增长（林毅夫、蔡昉等，1999）。

农业信贷补贴论的假设前提是农村地区长期存在资金短缺问题和农户中的低收入群体储蓄动力不足，同时由于农业部门自身的脆弱属性使之缺乏或无法提供必要的保障条件，以至于金融机构经常采取惜贷或不贷措施。该理论基于以上基本假设提出以下核心内容：为改变农村地区贫困状态，则往往通过为农村地区提供低利率的外部资金支持，尤其是通过政策性金融支持，同时也通过非营利性专业金融中介机构负责分配资金。但由于农村地区长期以来因非正规金融机构为主要资金提供者，向农户收取高利率而容易导致部分农户再次陷入贫困的恶性循环，对农业和农村地区经济的发展也起到了阻碍作用。同时，实践证明政府鼓励推行的低利率借贷政策并不能给某些农业生产活动带来显著影响，许多低利率贷款实际上被转移到更加富裕的农户手中，如果存在有效的储蓄机会和相应的激励机制，仍然会使大多数比较贫困的农户选择储蓄（董晓林，2012）。

农业信贷补贴政策的长期实施也带来了负面效应，即农户能够持续获取低成本信贷支持的情况下，拥有剩余资金的农户的储蓄意愿将会不断下降，其他具有有效资金需求的农户也无法获得资金供给，同时小农户具有分散性特点，经常面临农村信贷市场较高的交易成本，从而给农业信贷造成持续的资金压力。这样使农业信贷机构更愿意为比较富裕的大农户提供信贷支持，对于小农户更加倾向于选择惜贷或不贷。政策对目标偏离和农业信贷机构对农户贷款的监督缺乏后续追踪动力，致使长期缺乏有效监管的状态容易导致部分农户故意拖欠贷款而造成违约。因此，基于实践经验，基于农业信贷补贴论建立的农村专业信贷机构并没有真正发挥金融中介组织有效的金融服务作用（Diagne A，Zeller M，Shanna M，2000）。

3.1.3.2　农村金融市场理论

20 世纪 80 年代至 90 年代，农村金融市场论逐渐替代了农业信贷补贴论。该理论反对政策性金融对市场的干预，强调市场机制的作用。主要理论首先认为农户及贫困阶层具有储蓄能力，低利率政策会阻碍农户向金融机构存款从而抑制了金融发展，因此没有必要再从外部向农村注入资金。同时，由于农村金融机构运用资金的外部依存度过高而导致贷款的回收率过低，加之农村资金具有较高的机会成本和风险费用，认为民间借贷的高利率有其存在的必然性。因此，农村金融市场理论提出农村金融机构的主要功能是充当农村内部资金盈余部门与资金短缺部门之间的金融中介，而关键环节在于积极动员和刺激储蓄能力以平衡资金供求，因此利率必须由市场机制决定且实际存款利率不能为负数。判断农村金融是否成功应依据金融机构的成果及其经营的可持续性和自立性来进行。当然该理论也存在完全依赖于市场机制的"先天不足"，即忽略了农村金融存在市场性金融不能发挥的领域，往往更需要政府的干预与介入。

3.1.3.3　不完全竞争市场理论

20 世纪 90 年代后，随着经济社会的发展，人们逐渐认识到由于缺乏一些社会性和非市场因素的推动，很难培育出有效的金融市场。发展中国家尤其是伴随金融危机的爆发，市场机制的缺陷性逐步被揭示，说明市场机制主导的金融市场仍需要政府干预等非市场手段的支持。在此背景下不完全竞争市场理论提出农村金融市场是一个不完全竞争市场，如果完全依靠市场机制，金融机构因无法充分掌握贷款主体信息就可能无法培育出一个农村社会所需要的金融市场；而此时有必要适当借助借款人组织化等非市场要素作为政府和市场监管者来弥补市场失效的部分（Stiglitz，1981）。尽管在正规金融借贷活动中，金融机构由于不能完全掌握贷款人的行为而面临道德风险问题，但基于同一个小组中的同伴相互监督机制，却可以使个人因从事风险性大的项目而受到约束，从而有助于避免或解决此类问题（胡邦勇，2014）。农村金融市场存在的失灵现象为政府干预提供了理论基础，但要真正地消除市场失灵所带来的负面效应则需要从农村金融市场体系的整体入手，政府部门必须将干预活动严格控制在农村金融市场失灵区域（Besley，1995）。

3.1.4 农户经济行为理论

从 20 世纪 60 年代起部分经济学家开始把注意力逐渐投向农业，研究小农经济条件下农户的经济行为等问题，最具代表性的是以舒尔茨为代表的理性小农学派、以恰亚诺夫为代表的小农学派和以黄宗智为代表的历史学派。农户作为一个生产经营决策的主体须对其行为影响作出决策，而农户的借贷行为作为农户经济行为的重要组成部分，必然与农户其他经济行为存在着紧密关系（翁贞林，2008；范垄基，2015）。

3.1.4.1 理性小农学派

美国经济学家西奥多·W. 舒尔茨（1964）作为理性小农学派的代表，从经济学角度主要分析了农户的经济行为。舒尔茨认为小农都是"经济人"，坚持把传统农业部门的农户认为同样具有理性，在特定资源和技术条件下追求利润最大化且对价格反应灵活，此类农户生产要素配置行为也符合帕累托最优原则。舒尔茨认为造成该现象的原因在于投资收益率太低，无法刺激人们投资的积极性，这就导致传统农业毫无生机。波普金（1979）在《理性的小农》中认为农户根据自己的价值观和偏好作出自己认为能够实现效用最大化的选择。改造传统农业最好的选择是依靠经济刺激来指导农户作出生产决策，并根据农户要素配置的效率对农户进行奖励。

3.1.4.2 组织生产学派

以经济学家恰亚诺夫为代表的组织生产学派主要是从社会学角度观察

农户的经济行为。基于"劳动—消费均衡论"和"家庭生命周期论",恰亚诺夫从微观层面以静态分析方法分析农户家庭经济活动的运行机理,认为劳动投入和消费满足两个因素决定了农户家庭的经活动量,当农户增加劳动引起的"劳动辛苦程度"与产品增加带来的"消费满足感"达到均衡时,农户就不会再增加劳动,家庭经济活动量便确定了下来。同时,农户分化主要是由人口分化而不是由经济分化导致的,因为家庭人口规模和劳动者与消费者比例发生周期性的变化也使得家庭经济活动量发生变化。农户主要是为自己的生计而生产,往往追求的是一种家庭效用的最大化,不存在追求最大利润的问题,对家庭收入及利润等市场经济下的概念也并无考虑(恰亚诺夫,1996)。

卡尔·波兰尼秉承了恰亚诺夫的小农理论,基于小农问题的制度和哲学维度方面来分析小农行为。卡尔·波兰尼认为需要能把经济过程作为社会的制度过程来分析的特殊方法和框架以研究这种经济。美国经济学家詹姆斯·C.斯科特通过案例分析进一步阐释和延展了上述逻辑,并提出了著名的"道义经济"的命题。斯科特认为,农户家庭具有强烈的生存取向,农户的关键问题是安全生存问题,农户宁可选择避免经济灾难,也不会冒险追求平均收益的最大化(Scott,1976)。

3.1.4.3 历史学派

历史学派的代表人物黄宗智教授在对中国 20 世纪 30~70 年代的小农经济进行了大量调查研究的基础上,并于 1985 年提出了自己独特的小农命题"拐杖逻辑"。小农命题于 1985 年在《华北的小农经济与社会变迁》中提出,且于 1990 年在《长江三角洲小农家庭与乡村发展》中形成成熟的理论思想。其核心内容认为小农家庭收入是中国农业家庭收入加上非农佣工收入,而非农佣工收入是家庭收入的"拐杖"。黄宗智教授对小农经济的半无产化的定义和刻画源自农户家庭不能解雇多余的劳动力,因而中国的小农经济不会产生大量原本可从小农家庭农场分离出来的"无产—雇佣"阶层,由于过密化使得多余的劳动力无法独立成为一个新的阶层,其依然会继续依附于小农经济之上,不能成为真正意义上的雇佣劳动者。中国的农民既不完全是恰亚诺夫式的生计生产者,也不是舒尔茨认为的利润最大追逐者(黄宗智,2000)。

综上所述,无论是恰亚诺夫的组织生产学派、舒尔茨为代表的理性小农学派,还是黄宗智的历史学派,都肯定了农户组织存在的合理性和稳定性，也都肯定了农户能够与商品化和市场经济共存。之所以会得出不同的结论，可能是中国农村资源要素结构的独特性也必然会造成农户行为的特殊性，还有研究对象、研究方法和所处的历史阶段等不同造成的。单一的经济理论无法很好地解释农户行为的全部现象，必须在对现实做大量假设以简化分析的前提下才可以进行一定的理论分析（冯黎，2009）。

3.2 理论分析框架

3.2.1 社会资本对农户正规借贷行为的影响机制分析

从理论上来看农户的正规借贷行为包括两方面：一方面是农户是否愿意向正规金融机构借款；另一方面是正规金融机构是否愿意为农户提供贷款以及愿意提供多大金额的贷款。从农户视角来看，农户是否有意愿借款，则取决于多种因素：包括农户有没有借款习惯、生产生活中是否真正需要外部资金、对家庭的还款能力的自我考量等，而其中最主要的则实际取决于在生产生活中农户是否真正需要向金融机构贷款（王性玉等，2015）。从正规金融机构视角来看，是否愿意向农户提供资金更取决于对农户贷款风险程度的评估，而这又取决于金融机构对农户基本信息掌握得是否充分和完全，也与农户自身还款能力密切相关（杨贺，2015）。

研究发现农户"融资困境"问题长期得不到解决，其重要原因还在于农户抵押品的缺乏以及金融机构放贷过程中对农户存在的信息不对称，而农户社会资本可以为金融机构抵押替代提供一种软信息，正好有利于解决这两个问题，从而也促使社会资本对农户正规借贷行为产生重要的影响作用（彭澎、吴蓓蓓，2019）。农户正规借贷行为本质上受到法律制度和金融体制约束的同时，作为一种契约行为则又取决于债权人对债务人的信任以及债务人所拥有的社会资本的丰富程度（罗静静、陈东平，2015），这个结论已从国内外学者们大量的实证检验中获得了支持。

基于以上理论基础和研究分析得出，社会资本可以在农户正规借贷过程中起到两方面的作用。一方面，社会资本有效弥补了农户参与农村金融市场因缺乏抵押物的不足。要求农户拥有有效抵押物品是正规金融机构放贷的前提条件之一，而小农户中大多数中低收入群体因没有有效抵押物品以致不得不转向民间借贷，甚至倾向于高利贷。社会资本本身具有调动各方资源的能力，比如依托政治关系、人际关系、组织关系、信任、社会规范等社会网络关系在其融资过程中起到了相当于有效抵押物品的功能（范香梅、张晓云，2012）。而且在此过程中，农户也会意识到自身如果因有意或无意发生违约行为，将会不利于自己或家庭长期积累沉淀而形成的社会资本，尤其对处于比较特殊的农村关系社会、亲情社会的农户来说无疑更是一种极为严肃的惩罚。另一方面，社会资本可以有效弥补金融机构对农户信息的缺失。正规金融机构往往因搜寻农户信息需要付出很高的成本而造成信息不对称问题，因而无法对农户提供有效贷款（杨贺，2015）。社会资本的出现则使农户之间信息透明，也能够有效降低金融机构放贷过程的信息搜寻成本，故而金融机构基于农户的社会资本进行放贷的效率则大大地提高（江振娜，2017）。除此以外，以农户利益联合体为贷款对象的贷款形式还将单一性转化为内外双重监督并重，通过农户利益联合体内部的网络关系，比如个体威信、家族声誉以及社会参与等可以为农户借贷行为提供有效的监督和约束，不但提高了农户还款率，而且降低了正规金融机构贷后监督的成本和风险（牛荣，2013；杨明婉等，2019）。

3.2.2　社会资本对农户家庭正规借贷可获性的影响机制分析

3.2.2.1　不同贷款条件下农户贷款可获性影响机制的比较分析

自社会资本引入借贷领域，其有效抵押物品作用的有效发挥解决了正规借贷过程中逆向选择、道德风险、监管成本以及履约执行等问题（Madajewicz，2010），而社会资本是否能够对正规金融机构的抵押担保条件起到弥补作用，本章借鉴相关研究（范香梅、张晓云，2012；杨贺，2015），首先提出假定在一个自由竞争市场，各行为主体在产权约束下以谋求财富最大化为目标，且有以下假定：

（1）有一家金融机构 M，以存款利率 $i(i>0)$ 吸收存款，以贷款利率 $r(r>0)$ 发放贷款。

（2）社会资本拥有情况不同的农户 A 和农户 B，均为具有有效借贷需求的贷款申请者，其中农户 A 拥有较丰富的社会资本，而农户 B 拥有的社会资本较少。

（3）假设农户 A 和农户 B 拥有的初始财富均为 W，都面临投资额度为 K 的项目（$K > W$），两个农户都需要从金融机构 M 借款，借款额度为 K。假设对项目投资成功的概率为 p，获得收益为 $G(K)$；投资失败的概率就为 $1 - p$。

$G(K)$ 用柯布-道格拉斯（CD）生产函数表示为：

$$G(K) = AL^{\alpha}K^{\beta}（A > 0，L > 0，K > 0，0 < \alpha < 1，0 < \beta < 1） \quad (3.1)$$

式（3.1）中，A 代表农户技术水平，L 代表农户家庭劳动力数量，K 代表项目资金投入量，α 和 β 代表弹性系数。

（4）假设抵押品价值为 C，θ 是金融机构对抵押物进行处理时的变现率，$\delta(\delta > 0)$ 是抵押条件下农户在贷款时所需承担的固定成本。

基于以上假定条件，在抵押贷款条件下，金融机构对抵押品的评估价值 C 与从金融机构获得的贷款额度 K 正相关，即可以表示为：$C = \lambda K(\lambda > 0)$；农户 A 和农户 B 的预期净利润表示为：$[AL^{\alpha}K^{\beta} - K(1+r)]p + (-\lambda K)(1-p)$；金融机构预期净利润表示为：$[K(1+r) - K(1+i)]p + [\theta\lambda K - (1+i)K - \delta](1-p)$。

金融机构以及农户 A 和农户 B 的净利润额则表示为：

$$2\{[AL^{\alpha}K^{\beta} - K(1+r)]p + (-\lambda K)(1-p) + \quad (3.2)$$
$$[K(1+r) - K(1+i)]p + [\theta\lambda K - (1+i)K - \delta](1-p)\}$$

由式（3.2）关于 K 的一阶偏导等于 0，推导出社会最优贷款规模：

$$K_1 = \{[\lambda(1-p)(1-\delta) + (1+i)]/\beta pAL^{\alpha}\}^{1/(\beta-1)} \quad (3.3)$$

假定在贷款无抵押要求时，农户 A 和农户 B 以社会资本 SC，比如因社会网络关系、社会声望、社会参与等因素充作抵押品而得到贷款，拥有较高社会资本的农户 A 违约所担负的社会资本损失成本则较高，无论项目投资成功与否，农户 A 都会选择全额按期归还贷款；相反，拥有较低社会资本的农户 B 因违约带来的社会资本损失成本较低，可能会因其投资项目成功与否存在违约行为。

农户 A 预期净利润为：

$$[AL^{\alpha}K^{\beta} - K(1+r)]p + [-K(1+r)](1-p) \quad (3.4)$$

金融机构进行贷款交易的预期净收益为：

$$K(1+r) - K(1+i) \quad (3.5)$$

则拥有较低社会资本的农户预期净利润为：

$$[AL^{\alpha}K^{\beta} - K(1+r)]p + (-SC)(1-p) \quad (3.6)$$

其中，$SC(SC>0)$ 为农户可能违约导致的社会资本的损失，也是农户以社会资本获得的贷款额。

金融机构的净利润则为：

$$K(1+r)-K(1+i)+[-K(1+i)](1-p)+[K(1+r)-K(1+i)]p \tag{3.7}$$

社会预期净利润总额为：

$$[AL^{\alpha}K^{\beta}-K(1+r)]p+(-\lambda K)(1-p)+[AL^{\alpha}K^{\beta}-K(1+r)]p+$$
$$(-SC)(1-p)+K(1+r)-K(1+i)+$$
$$[-K(1+i)](1-p)+[K(1+r)-K(1+i)]p \tag{3.8}$$

令式（3.7）关于 K 的一阶偏导等于0，则推导出最优贷款规模：

$$K_2=[(1+i)/\beta pAL^{\alpha}]^{1/(\beta-1)} \tag{3.9}$$

通过不同贷款条件下农户贷款可获性比较分析，对式（3.3）和式（3.9）相除，则得到：

$$\frac{K_1}{K_2}=\left[\frac{(1-\delta)(1-p)\lambda+(1+i)}{1+i}\right]^{\frac{1}{\beta-1}}=\left[1+\frac{(1-\delta)(1-p)\lambda}{1+i}\right]^{\frac{1}{\beta-1}} \tag{3.10}$$

由于 $0<\left[1+\dfrac{(1-\delta)(1-p)\lambda}{1+i}\right]^{\frac{1}{\beta-1}}<1$，可知 $K_1<K_2$，即金融机构的贷款抵押条件对社会预期净利润下的最优贷款规模产生了削弱作用（范香梅、张晓云，2012）。

基于以上分析可以看出，农户对正规借贷的有效需求和可获性因金融机构贷款抵押方面的条件而被削弱，其根本原因在于我国农村地区普遍因农户缺乏必需的抵押物品而面临较高的借贷交易成本，一定程度上也会抑制农户贷款需求。同时，在抵押条件下，当农户无力偿还贷款时，金融机构会对抵押物品变现或拍卖，无形中也增加了金融机构的交易成本，进而会影响整个社会的贷款数量。另外，农户由于达不到金融机构所要求的抵押条件而失去的投资机会，在总体上也降低了整个社会的期望净收益（杨贺，2015）。而社会资本贷款条件下总体上会提高农户贷款可获性，原因就在于社会资本信号传递作用的发挥可以有效降低信息不对称带来的预期风险，使得不具备抵押资产条件但具有良好社会关系的农户可以获得贷款机会。可见，在农户缺乏抵押品时如何增加其贷款可获性，是将社会资本引入农户融资范畴的意义所在（范香梅等，2012）。

3.2.2.2　不同维度社会资本对农户正规借贷可获性的影响分析

基于以上文献梳理和农户抵押品缺乏的现实，本章首先从农户的社会关系、社会声望和社会参与等不同维度来探讨社会资本对其正规借贷中抵押品的替代作用及对农户正规借贷可获性的影响。

（1）社会网络与农户家庭正规借贷可获性。

农户社会网络是其社会资本的基础和载体，有助于农户的经济融合，从社会资本自身属性来看，因其具有资源要素性则又被称为"穷人的资本"。传统的社会资本理论中，以血缘为纽带而形成的网络关系主要是在社会经济特征类似的个体之间发展而来，信息传递的重复性较高；以地缘、业缘、友缘为纽带而形成的网络关系在社会经济特征不同的个体之间发展而来，信息覆盖面较广但是关系缺乏稳定性，是以一定的共同利益为基础（程昆等，2006）。农村居民由于村落聚居而形成了以血缘、地缘等关系为中心的相互联系的关系网络，并会通过此种关系网络以实现社会资本的合理有效运用（龙子泉等，2018）。农户之间通过社会网络可以相互交换所需的劳动力、资金、信息和技术等各种资源，为生产活动提供生产条件。农户难以获得融资支持的重要原因就在于农户缺乏抵押品、融资能力低，以及金融机构放款过程中对农户信息的缺失，特别是在农村地区由于缺少正式的信贷中介，农户在借贷时主要依靠其社会关系网络，农户在社会网络中所处的位置会直接决定其信用水平（陈劲松，2013）。从风险控制角度来看，大多数农户难以提供符合要求的抵押品而直接制约其向正规金融机构融资的机会，而农户的社会资本正好可以起到隐性抵押担保和减少交易费用的作用，在一定程度上弥补了农户抵押品不足的缺陷，缓解了农户信贷约束问题（陈芳，2018）。同时，社会资本可以弥补信息不对称而带来的信贷配给问题，在金融市场上有效发挥良好的信息传递功能。本章据此提出研究假设：

H1：农户凭借社会网络关系形成的社会资本直接影响农户家庭获得正规金融贷款的可能性。

（2）社会声望与农户家庭正规借贷可获性。

林南（1986）认为社会资本是行动者在行动中获取和使用的嵌入在社会网络中的资源。农村社会成员的社会声望作为稀缺的社会资本，来自社员的交互评价，也是社员在社会交往中个体形象的自我呈现，其形成主要取决于其他社会成员资源的赋予与让渡，即社员在社会交往过程中对一部分人表示认可与尊敬，原因在于这部分人掌握着其他社员高度依赖的资源与服务，而服务事项的覆盖范围及其他社员对服务需求的紧迫程度也决定了其他社员让渡认可与尊敬的意愿和程度（班涛，2018）。已有研究表明，农户自身的资源特征显示了其在家庭、宗族、村民中的社会声望，也同时决定了可占有和调动的社会资源。同时，农户交往互惠性的关系资源或桥梁纽带性的媒介资源则具有较强的资金调动与匹配能力。在生态移民迁入区，可能面临重新构筑农户社会资本体系的情况，农户需要增加社会资本投资以增加正规金融市场获得资金的概率。社会资本在促成农村资金借贷中的客观作用可以与正规金融中的一些特性相比较，一个是提供借贷信息，另一个是提供"信任"，相当于正规借贷中的抵押物（程昆等，2006）。社会声望资本对实现农户间的合作更具有一定说服力，加之我国农村社会本是建立于血缘、族缘、地缘、业缘人际关系基础上的社会网络，农户在村落所拥有的声望和地位也成为农户在正规借贷中无形的抵押担保品，提高了同村落农户借贷机会搜寻的效率和有效借贷机会的可获性（陈熹、陈帅，2018）。基于此，本章提出研究假设：

H2：农户家庭在村落的社会声望越高，其获得正规金融贷款的可能性越大。

（3）社会参与与农户正规借贷可获性。

萨克（Zucker，1986）提出了声誉机制，根据受信方以往行为和既有声誉来给予其可信赖程度，授信方然后决定是否给予信任，即声誉产生信任。农村居民能准确有效地参与公众行为决策，作为一种社会资源综合体存在的社会资本能使信息和计划在一定范围内公开（朱庆莹等，2019），同时农村居民对社区公共活动的积极参与也会引发村民之间的高度互动和信任（边燕杰，2001），而村民之间建立的互动关系则充当着信息桥梁和纽带的作用。生态移民迁入区居民伴随着整村迁移，其原生的网络关系逐渐被打破，个人社会资本的结构发生变化，对农户个人社会资本的影响总的来说是强关系数量减少，而弱关系数量增加。伴随着联系人强关系和弱关系上的变化以及各种情感联系的变化，农户在新经济体系和社会结构下转而开始关注后天与自身利益产生紧密联系的人（程昆等，2006）。而农户对新社区公共事务和集体决策的积极参与是构筑其新的社会网络关系的一条途径。农户对自己所在村的集体事务参与表示极大热情，对集体事务的态度越积极，其社会参与程度越高，合作意愿也越强，信息互动和披露就越充分。社会资源理论也指出在资源的交换、借用、摄取等方面，弱关系发挥着更大的作用，尤其体现在为农村金融借贷提供的抵押物和借贷信息搜寻便利降低了的交易成本，在很大程度上弱化或解决了逆向选择和道德风险问题（林南，1986）。因此，社会参与的存在有助于解决农户缺乏抵押品以及信贷机构对农户信贷过程中的信息缺失两大问题，因而能够提高农户的正规借贷获取能力，改善信贷配给。据此本章提出研究假设：

H3：农户家庭社会参与程度越高，其获得正规金融贷款的可能性越大。

3.2.3　正规借贷可获性在社会资本影响农户生产投资决策中的中介效应

3.2.3.1　社会资本与农户农业生产性投资行为

社会资本是个人或组织的社会结构资源，行动者可以通过此种结构资源获取经济资源并实现自身利益（科尔曼，1990）。费孝通先生认为具有明显的中国乡土特征的社群组织具有高度的信息对称性和完备性，同时资金和技术等重要资源均嵌入在农户所在的复杂社会网络结构中，这种乡土网络资本对农户生产行为决策有着重要的影响（涂骏，2009）。贺雪峰（2013）在评述"差序格局"时也指出农户基于个体主义范式会遵从乡土社会中的非正式制度。尤其在我国经济转型和市场体系建设不完善的背景下，社会资本作为一种内在的激励机制，对正式制度发展落后的农村农户生产经营活动产生着不可替代的促进作用（朱庆莹等，2019）。传统农业社会与工业社会不同，农户深植于乡土社会的网络结构，其乡土社会特征在农户的生产投资过程中发挥着显著的影响。同时，社会资本通过组织网络的互动而发挥作用，充分体现出了组织的"集体理性"和"集体行动逻辑"（杨汝岱、陈斌开、朱诗娥，2011；Nahapiet and Ghosal，1998）。如果在社群组织具有高度的同质性时，为农户提供了沟通讨论和合作共赢的平台，更为农户获得农业信息提供了一定优势，农户生产行为则可能存在趋同问题（徐翠萍，2010；马兴栋、邵砾群、霍学喜，2018）。当前，中国农村地区虽然农村经济的发展和社会转型逐步加快，对于根植在土地以农业生产为主业的农户来说，社会资本的影响依然明显，尤其是农户获取生产投资信息时更多地依赖于农户家庭的关系网络，而关系网络作为社会资源能够使行为主体获得更多的收入回报（张顺、郭小弦，2011）。往往由于这种回报使得农户间又形成了以社会资本为核心的收入分层机制，进而也构成了农户生产性投资的经济门槛，由此社会资本可以起到缓解农户生产性投资中的经济负担和促进投资的作用（杨芳，2019）。

3.2.3.2　正规借贷可获性与农户农业生产性投资决策

尽管关于金融资源获取与农户农业生产性投资之间的相关性仍未形成定论，但毋庸置疑，在农户生产决策中金融资源发挥了重要的资金保障作用（甘宇，2016）。众所周知，农业现代化建设的关键之一就是用现代化物质技术装备农业，难免需要大量的资金投入（方鸿，2013），政府通过配套投资金额（比如农机具购置补贴、规模经营及粮食生产等方面奖励），激励农户特别是规模经营农户的生产性投资，说明资金可得性对农户投资方向与投资规模具有显著促进作用（王全忠、周宏，2017）。随着农村经济发展，农户的家庭收入可能并不能满足农户生产投资的进一步需求，政府可以通过促进农村信贷市场等的发育，促进农户投资能力的增强为农户的生产发展和投资需求提供保障（周应恒、杨美丽、王图，2007；尹文静、王礼力、Ted McConnel，2011）。农户投资资金来源主要是自有收入和农业贷款，而随着农民住房水平和生活消费水平需求的提高，农业贷款在农户投资中占有相当重要的位置，农户投资增长空间在很大程度上受农户获得农业信贷水平的制约，农户的可获得信贷对其农业生产性投资则具有显著正向的影响作用（郭敏、屈艳芳，2002；朱喜、史清华、李锐，2010）。同时，近年来我国扶贫政策的实施，有效缓解了农户中低收入群体信息不对称下的技术和资金约束，提高了开展农业生产投资的可能性和可行性（陈卫洪、谢晓英，2013；陈新建，2019）。

3.2.3.3　正规借贷可获性的中介效应分析

现有研究基于社会资本和行为经济学相关理论，从社会资本视角对农户正规借贷行为、贷款规模和贷款风险的内在机理进行了诸多逻辑论证。在中国农村这样一个传统的关系型社会，长期以来农村社会成员之间形成了以血缘、亲缘和地缘为基础的分层级关系网络，也形成了特殊的协作机制和互惠规范，对农户借贷行为起到了不容忽视的作用（陈芳，2018）。比如，马晓青等（2010）研究发现农户参加合作组织、担任村干部、拥有良好信用记录和收入、教育程度较高更偏好正式借贷。第一，良好的社会资本能够缓解借款者与贷款者之间的信息不对称，给双方带来相互信任（周晔馨、叶静怡，2014），从而缓解其信贷约束。第二，社会资本有助于农户基于其社会网络关系向金融机构提供显性或隐性担保。社会资本相当于充当了抵押品的角色，帮助农户更易于获得正规金融机构的信赖，从而盘活农村金融市场中的资金，减少高昂的信贷交易成本，也解决了农户困境（Van Bastelaer T.，2006；徐璋勇、杨贺，2014）。第三，社会资本缓解了正规借贷中的逆向选择与道德风险问题，帮助农户积极参与金融市场（Chantarat S.，2012），有效提升农户正规借贷机会与实际借贷额度，改善其金融状况（胡枫、陈玉宇，2012；马光荣、杨恩艳，2011）。

众多实证研究都已经证实融资约束会影响农户的投资决策（Hartc E，2004）。正规借贷约束还会通过抑制农户土地规模扩张而对农机长期投资产生抑制效应。社会资本则通过缓解农户正规借贷约束来影响农户生产性投资，良好有效的信贷系统会增强农户农业投资能力。比如以血缘、亲缘、地缘为主的社会资本网络有助于农户拓展融资渠道，进而影响农户的正规借贷可获性。综上所述，正规借贷可以缓解农户资金约束，进而可以提升农户的生产性投资意愿和投资规模，即社会资本既直接影响农户的生产性投资，又通过正规借贷的扩大间接影响农户的生产性投资。

基于以上理论分析，本章提出以下研究假设：

H4：社会资本对农户农业生产性投资具有显著的正向影响。

H5：正规借贷可获性对农户农业生产性投资具有显著的正向影响。

H6：正规借贷可获性在农户社会资本对其农业生产性投资影响中具有中介效应。

3.3　本 章 小 结

本章研究基于上文中的相关文献梳理，运用社会资本、信息不对称、农村金融发展以及农户经济行为等相关理论，以社会资本的多维测度为切入点，从正规借贷供给和需求两个层面探讨宁夏生态移民迁入区农户社会资本对其正规借贷可获性的影响机制，同时基于理论分析探索性剖析了正规借贷可获性在社会资本对农户农业生产性投资决策方面的作用机理并提出研究假说。

第 4 章

样本区域概况及数据统计描述分析

4.1　样本区域概况

4.1.1　样本区域地理环境及经济发展概况

宁夏作为典型的西部少数民族自治区，也是中国率先实施生态移民的典型区域。区域内人口、资源、环境与社会经济发展极不协调，从 20 世纪 80 年代宁夏就开始进行了以扶贫和保护生态环境为目的的大规模移民。1983 年，政府有计划地在宁夏中南部地区将大量贫困人口安置在黄河沿线从事灌溉农业，这个工程的实施对于改善中南部山区生态环境以及贫困人口生存条件都发挥了重要作用（王晓毅，2017）。尤其是"十二五"开展生态移民工程以来，在占宁夏总面积 65% 和总人口 41% 的中南部山区，累计搬迁生态移民近 130 万人，实现了生态改善和脱贫富民的双赢目标，为全面建成小康社会奠定了坚实的基础（徐树雄，2016）。

从地理区位来看，宁夏回族自治区位于中国西北内陆地区，东邻陕西，西、北接内蒙古，南连甘肃。其地形分为三大板块：北部引黄灌区，地势平坦，土壤肥沃，素有"塞上江南"的美誉；中部干旱带，干旱少雨，风大沙多，土地贫瘠，生存条件较差；南部山区，丘陵沟壑林立，部分地域阴湿高寒。从经济发展总体状况来看，截至 2019 年末，宁夏回族自治区下辖 5 个地级市（9 个市辖区、2 个县级市、11 个县）。2019 年，宁夏常住人口 694.66 万人，实现地区生产总值 3705.18 亿元，其中第一产业

279.85 亿元，第二产业 1650.26 亿元，第三产业 1775.07 亿元；人均生产总值 54094 元。[①] 宁夏中南部地区包括原州区、西吉县、隆德县、泾源县、彭阳县、海原县、同心县、盐池县、红寺堡区 9 县（区），以及沙坡头区、中宁县的山区。截至 2020 年，宁夏回族人口 252.36 万人，占宁夏全区人口的 35.04%，拥有全国最大的回族聚居区。[②]

4.1.2 样本区域移民搬迁发展阶段的特点

宁夏回族自治区党委、政府将中南部地区扶贫攻坚始终作为促进全区发展的重中之重，特别是把移民工程作为解决自然条件恶劣地区农户生存和发展问题的一项重要扶贫举措，从 20 世纪 80 年代开始，先后组织实施了吊庄移民、扶贫扬黄灌溉工程移民、生态移民、易地扶贫搬迁移民，累计搬迁贫困人口 120 多万人。30 多年的实践证明，通过采取和实施生态移民才能够真正解决宁夏的贫困问题，逐步扭转山川差距，促进山川均衡发展。同时，通过生态移民大大优化了产业布局和劳动力资源配置，促进了南部山区农村人口的有序转移，也有力推进了灌区农业开发和沿黄经济区建设（东梅，2016；范建荣，2019）。宁夏生态移民过程可以具体划分为以下几个阶段。

4.1.2.1 吊庄移民阶段（1983～2000 年）

宁夏中南部地区地处我国半干旱黄土高原向干旱风沙区过渡的农牧交错地带，生态脆弱，干旱少雨，资源贫乏，自然灾害频繁以及水土流失严重。1983 年，宁夏党委、政府制定了"以川济山、山川共济"的扶贫开发政策，采取吊庄移民的形式。吊庄移民是宁夏经过多年实践的一种生态移民模式，其特点是在自治区所辖区域内，将贫困人口成批地从一个生态脆弱地区迁至另一个有荒地资源的地区，重建新家园，构建新社区，实现脱贫致富和持续发展。1983～2000 年是宁夏移民注重社会效益的阶段，形成了一批各具特色的吊庄。其中有以隆湖、芦草洼为代表的城郊型吊庄；有以大战场、马家梁为代表的农业型吊庄；有以红寺堡为代表的综合发展型吊庄；有以华西村、闽宁村为代表的东西合作型吊庄。总体上看，移民区基本实现了自然资源、生态环境、人口、经济、社会协调发展。这一时

---

① 宁夏回族自治区 2019 年国民经济和社会发展统计公报。
② 宁夏第七次全国人口普查公报，2021 年。

期还包括 1983~1993 年第一个"三西"扶贫开发建设时期的生态移民，1993~2000 年国家"八七"扶贫攻坚阶段的生态移民。

4.1.2.2 生态移民初阶段（2001~2010 年）

进入 21 世纪，保护生态环境、实现可持续发展的呼声日益高涨，严格意义上的生态移民在宁夏就此展开。宁夏开始规划如何发挥闲置土地资源与丰富的黄河水资源的潜在优势，以进一步促进宁夏中南部山区脱贫致富的步伐。2001~2006 年为扶贫扬黄工程移民阶段，移民搬迁方式主要采取整村搬迁、集中或插花安置，主要迁往土地平整、灌溉水源基本有保证的灌区、国有农场以及周边未开发利用的荒地。开发建设了具有典型性的红寺堡灌区、固海扬水扩灌区、盐环定扬水灌区、中卫南山台子灌区以及农垦国有农场等移民安置点 21 处，其中红寺堡区是我国最大的扶贫扬黄移民开发区，共搬迁安置贫困群众 19.7 万人，其中农业人口 17.6 万人。2007~2010 年为宁夏中部干旱带县内生态移民阶段，投资 28.42 亿元，开发和调整土地 71.15 万亩，建设 42 个移民安置区，搬迁 20.68 万人。这些移民举措不仅有效缓解了贫困人口的生计问题，也提高了自然生态恢复的能力和适应气候变化的能力，为宁夏经济可持续发展奠定了坚实的基础。

4.1.2.3 生态移民新阶段（2011~2015 年）

保护生态环境、实现可持续发展日益受到不同层面的重视。如何改善由于人类活动而导致的环境日益恶化，确保人类正常健康发展，引起了人们高度的重视。宁夏易地搬迁移民取得的成绩逐步得到国家层面的认可，尤其是《国家计委关于易地扶贫搬迁试点工程的实施意见》的颁布实施，严格意义上的以保护生态环境为主、注重生态效益的阶段在宁夏就此展开。在此阶段，宁夏贫困人口近 150 万人，特别是有 35 万人居住在交通偏远、信息闭塞、生态失衡、干旱缺水、自然条件极为严酷、"一方水土养活不了一方人"的旱山区、土石山区。改善这一地区群众的基本生存条件事关宁夏全面建设小康社会的全局。为加快扶贫开发进程，实现民生大改善，全面建设小康社会，自治区党委、政府按照《中共中央、国务院关于深入实施西部大开发战略的若干意见》和宁夏回族自治区国民经济和社会发展第十二个五年规划纲要》的要求，编制了《宁夏"十二五"中南部地区生态移民规划》，对中南部地区 34.6 万人实施移民搬迁。

4.1.2.4　易地扶贫搬迁新阶段（2016~2020 年）

"十三五"期间是宁夏实现全面建成小康社会的决胜时期，脱贫攻坚也进入啃硬骨头、攻坚拔寨的冲刺阶段。但由于宁夏中南部山区经济发展滞后，产业层次低，工业基础差，又是全国确定的 14 个集中连片特困地区中贫困面最大、贫困程度最深、解决难度最大的地区之一，如何进一步推动精准扶贫目标，成为此阶段重要的任务。中南部地区 9 县（区）人均GDP 仅占全区平均水平的 36.8%，财政自给率仅 10.6%；农民人均纯收入仅为全区平均水平的 70%。截至 2015 年底，宁夏建档立卡贫困人口58.12 万人，占宁夏农村人口的 14.5%，中南部山区建档立卡农户 49.38万人，占宁夏贫困人口的 85%。易地扶贫搬迁新阶段则主要采取了县内就近、劳务移民、小规模开发土地、农村插花四类安置方式。县内就近安置34051 人，占搬迁总规模的 42.6%。劳务移民规划安置 38422 人，占搬迁总规模的 48%，依托沿黄城市带、重点城镇、清水河城镇产业带等安置有就业意愿、具有一定就业创业技能的移民。小规模开发土地规划安置 4610人，占搬迁总规模的 5.8%。农村插花规划安置 2921 人，占搬迁总规模的3.6%。2020 年，移民生产生活条件明显改善，移民收入接近全区农民收入平均水平，安置区基本公共服务要达到贫困村脱贫标准。同时，宁夏还整合 11.8 亿元的专项资金，组建扶贫开发投融资平台，通过财政贴息撬动社会资金支持易地扶贫搬迁，解决移民搬迁的融资问题。

4.1.2.5　易地搬迁移民致富提升行动（2021~2025 年）

站在新的历史起点，宁夏面临着如何建好管好移民安置区，如何带领搬迁农户在共同富裕的道路上一路向前以实现可持续发展等新挑战。"实施百万移民致富提升行动"已写入宁夏"十四五"规划和 2035 年远景目标纲要。同时，基于乡村振兴战略，宁夏持续通过加大产业扶持力度、精准落实就业帮扶、补齐基础设施短板等举措激发搬迁移民发展的内生动力。2021 年 4 月，宁夏已出台《关于进一步强化易地扶贫搬迁后续扶持实施百万移民致富提升行动的意见》。根据该意见，宁夏将以此前政策性移民和自主迁徙移民中人口规模 800 人以上的大型安置区为重点，全力通过产业就业帮扶、配套基础设施、改善公共服务、整治人居环境等措施，确保 2021 年搬迁群众人均可支配收入增长高于 8%，"十四五"末搬迁群众人均可支配收入基本达到宁夏农村居民平均水平。其中，产业兴旺是解决移民安置区一切问题的前提。中南部山区农民搬迁，不仅仅是为了实现脱贫，还要在巩固脱贫成果的同时最终实现致富奔小康。与迁出区相比，移民安置区基础设施现已更加完善、交通条件更加便利、产销对接更加顺畅，因此有条件在产业发展上实现高目标、坚持高标准、干出高水平。为此，宁夏各县区围绕酿酒葡萄、枸杞、奶产业、肉牛和滩羊、绿色食品等重点产业，马铃薯、冷凉蔬菜、小杂粮、中药材、黄花菜等特色产业，以县为单位制订移民安置区产业发展实施方案。积极搭建产业发展平台，优化整合安置区现有产业园、扶贫车间，支持没有配套建设但具备建设条件的安置区新建产业园和扶贫车间。

4.1.3 样本区域生态移民迁出地和迁入地划分

《中国农村扶贫开发纲要（2011—2020 年)》将六盘山连片特困地区列为中国扶贫开发的 14 个连片特困地区之首，而宁夏回族自治区的贫困人口主要集中在六盘山连片特困地区的西海固地区（又称为宁夏南部山区 8 县)，主要包括原州区、西吉县、泾源县、彭阳县、隆德县、同心县、海原县、盐池县 8 个国家扶贫开发工作重点县，覆盖了 98 个乡镇 1354 个村。

4.1.3.1 生态移民迁出区的选择

截至 2015 年底，按照《宁夏"十二五"中南部地区生态移民总体规划》，宁夏明确遵循"山内问题山外解决，山上问题山下解决，面上问题点线解决"的思路，采取开发土地集中安置、适度集中就近安置和因地制宜插花安置等方式，把中南部山区 9 个县（区）91 个乡镇 684 个行政村的 34.6 万人，搬迁定居到"打工近、吃水近、上学近和就医近"的区域，全面完成了搬迁安置任务。为了集中有限资源，宁夏将生态移民迁出地分为三类。

第一，极度贫困区。确定该地区主要回族和汉族群众的人均纯收入低于国家公布的贫困线的人口，这些特困人口居住或相对集中或比较分散。在农村公共服务建设方面，水泥硬化公路只能修到行政村，但因基础设施建设成本过高而各个自然村交通道路始终没有修通。根据《宁夏农村扶贫开发规划（2001—2010）》要求确定的"千村扶贫"和"整村推进"范围内的重点扶贫村，因各种条件限制，低保户占比高，需要搬迁彻底摆脱贫困（丁生忠，2015）。

第二，生态保护区。宁夏六盘山区是黄河支流清水河、葫芦河和泾河的发源地，其中清水河贯穿宁夏南部山区，而葫芦河、泾河流经宁夏又穿越甘肃部分地区流入渭河。宁夏六盘山区周围农户的搬迁有助于国家生态资源和水源涵养地的保护。

第三，地震断裂带。宁夏在移民搬迁方面还具体考虑了因山体滑坡、地震等自然灾害因素对农户生活生产方面的影响，将常年居住在地震断裂带上的农户彻底搬迁到县内宜居或县外集中安置区，以改善农户因自然灾害致其生活更加困难的现状。

基于以上情况，宁夏"十二五"时期确定的生态移民迁出地搬迁规模和安置计划具体如表 4 - 1 所示。

表 4 - 1 宁夏"十二五"时期生态移民迁出县搬迁规模和安置计划

市县（区）		移民总规模		县内安置			县外安置		
		户数（户）	人数（人）	户数（户）	人数（人）	比例（%）	户数（户）	人数（人）	比例（%）
吴忠市	同心县	8869	44659	1589	8000	17.9	7280	36659	82.1
	盐池县	2251	7300	2251	7300	100	—	—	—
固原市	原州区	15204	61948	5983	24377	39.4	9221	37571	60.6
	西吉县	14474	70429	4399	2140	30.4	10075	49020	69.6
	隆德县	7409	30649	2204	9119	29.8	5205	21530	70.2
	泾源县	7701	33116	3422	14716	44.4	4279	18400	55.6
	彭阳县	8676	36333	3232	13533	37.2	5444	22800	62.1
中卫市	海原县	12775	55595	3832	16675	30	8943	38920	70
	沙坡头区（蒿川）	1456	5971	1456	5971	100	—	—	—
合计		78815	346000	28368	121100	35.0	50447	224900	65.0

资料来源：《宁夏"十二五"中南部地区生态移民总体规划》和宁夏移民局相关资料。

4.1.3.2 生态移民迁入地的选择

宁夏生态移民搬迁大多数是整村推进，主要选取土地资源比较集中、有利于灌溉的平坦地区进行规模化建设移民安置区。安置区基本要求是必须具备相对完善的公共设施，比如便利的交通有利于移民农户外出务工、就医、孩子上学。安置方式包括无土安置和有土安置，其中，无土安置主要选择在县城、工业园区、产业基地等地建设移民区；有土安置包括"有土不见土"和"有土耕作"两种模式。搬迁农户每户住房面积54平方米，原则上人均一亩地，一座设施温棚或一座圈棚，对于无土安置户即楼房安置，住房面积40平方米左右。宁夏"十二五"时期确定的生态移民迁入地搬迁规模和安置计划具体如表4-2所示。

表4-2　　　　宁夏"十二五"时期生态移民迁入县安置计划

市、县（区）		安置总任务		市、县（区）	移民来源	
		户数（户）	人数（人）		户数（户）	人数（人）
银川市	银川三区	5444	22800	彭阳县	5444	22800
	永宁县	4328	17800	隆德县	2691	11130
				原州区	1637	6670
	贺兰县	3905	19000	西吉县	3405	16963
				原州区	500	2037
	灵武市	4279	18400	泾源县	4279	18400
石嘴山市	大武口区	2514	10400	隆德县	2514	10400
	惠农区	3399	15400	原州区	943	3842
				西吉县	2456	11558
	平罗县	4213	20500	西吉县	4213	20500
吴忠市	利通区	1787	9000	同心县	1787	9000
	红寺堡区	7208	31500	同心县	2216	11159
				原州区	4992	20341
	青铜峡市	3277	16500	同心县	3277	16500
中卫市	沙波头区	1965	8550	海原县	1965	8550
	中宁县	1965	8550	海原县	1965	8550
农垦局		6163	26500	海原县	5014	21820
				原州区	1149	4680
合计		50447	224900	合计	50447	224900

资料来源：《宁夏"十二五"中南部地区生态移民总体规划》和宁夏移民局相关资料。

4.2 调查方案设计

4.2.1 调研目的

随着脱贫攻坚任务的顺利收官和乡村振兴战略全面推进的有机衔接，如何更好实现宁夏生态移民迁入区"这一方水土养育那一方人"，进一步释放农村金融活力，激发生态移民农户自身发展动力则成为带动宁夏生态移民迁入区经济取得长足发展的关键环节。因此，针对宁夏"十二五"期间中南部地区整村县外搬迁的生态移民，宁夏《生态移民区农户借贷行为研究》课题组于 2016 年 12 月和 2017 年 7 月在宁夏生态移民迁入区开展了农户社会资本、融资需求及生产投资行为的实地调研，以进一步了解宁夏生态移民在迁入区农户融资方面的困境以及生产生活情况。目的在于进一步探讨如何充分调动和利用生态移民迁入区农户社会资本以提升其发展主动性，破解农户"融资难"的问题，推动农户生产性投资水平，激发其内生动力助推农业现代化和农村经济的可持续发展，具有重要的理论意义和实践意义，也为顺利完成脱贫攻坚任务和乡村振兴的有机衔接提供比较充分的理论基础。

4.2.2 问卷设计

问卷设计是农户调研的基础和关键，问卷设计的适当与否直接关系到所搜集数据的数量和质量，最终影响农户调研的成败。为了确保本次调研顺利进行，课题组成员基于文献综述和理论梳理，不断对调研内容进行规范和完善，设计了两套问卷并开展了入户预调查，根据发放的 50 份预调查问卷收集情况发现问题，并不断修正调查问题进而确定了最终调查问卷。本次参与调查的人员主要为宁夏大学经济管理学院的本科生和研究生，调研前专门组织进行了问卷调查培训工作，对相关注意问题进行了解释说明。两套问卷分别是生态移民迁入区移民搬迁农户调查问卷和生态移民迁入区非移民搬迁农户调查问卷。调查问卷内容主要包括：（1）农户个人特征：主要包括农户性别、民族、年龄、受教育程度、外出务工就业及专业技能培训等情况。（2）农户家庭特征：主要包括农户家庭人口数量及结构、经济收入来源以及支出结构等方面。（3）农户社会资本：依据本书社会资本理论及已有研究对其测度的方法，主要从农户个人政治身份、家庭社会网络关系、社会声望以及社会参与等方面做了调查。（4）农户生产性投资：主要包括农户家庭生产投资意愿、投资方向和生产投资规模以及对市场的预期等。（5）农户借贷行为：主要包括农户借贷需求、贷款获得情况以及农户对社会资本影响其借贷行为的认知和评价等指标调查。

4.2.3 样本分布

本次调研区域主要包括地处宁夏中部干旱带的同心县和宁夏引黄灌区的沙坡头区、平罗县、永宁县、金凤区和西夏区，调研对象包括移民搬迁户和非移民户。本次调研发放问卷调查的过程中，主要根据宁夏"十二五"时期生态移民迁入区搬迁规模和安置计划所列区域进行样本区域的选择以及实地入户调查，遵循分层抽样与随机抽样相结合的原则，课题组在宁夏5县区生态移民迁入区随机抽选10个样本乡镇，每个乡镇分别随机抽取1~2个整村搬迁移民安置村和非移民村，在样本村内随机入户调查30~40户农户。除此以外，本书数据还来源于历年《国家统计年鉴》《宁夏统计年鉴》《宁夏调查年鉴》，以及通过与宁夏移民局、宁夏金融局等相关政府部门的座谈和访谈所得。

本次入户调查共发放农户问卷600份，回收有效问卷554份，问卷有效回收率达92.33%。样本农户中包括移民搬迁农户233户，占总样本的42.06%；非移民搬迁农户321户，占总样本的57.94%。本次调研的样本农户分布区域及所占比例如表4-3所示。

表4-3　　　　　　　　　　　样本农户区域分布情况

样本农户分布区域		样本户数量（户）	占子样本比例（%）	合计（户）	占总样本比例（%）
非移民搬迁农户	同心县	50	15.58	321	57.94
	沙坡头区	51	15.89		
	平罗县	40	12.46		
	永宁县	65	20.25		
	金凤区	55	17.13		
	西夏区	60	18.69		

样本农户分布区域		样本户数量（户）	占子样本比例（%）	合计（户）	占总样本比例（%）
移民搬迁农户	沙坡头区	60	25.75	233	42.06
	平罗县	50	21.46		
	永宁县	42	18.02		
	金凤区	55	23.61		
	西夏区	26	11.16		

资料来源：2017 年《宁夏生态移民区农户借贷行为研究》课题组问卷调查。

4.3　样本农户数据描述性统计分析

4.3.1　农户个人基本特征

农户个人基本特征和家庭资源禀赋是影响农户经济行为的基本因素。本次调研区域多为少数民族聚居地，在样本农户民族特征方面，少数民族农户占总样本的 24.73%，非少数民族农户占总样本的 75.27%。样本农户在年龄结构方面以 41~50 岁农户居多，占总样本的 36.64%；其次是 31~40 岁农户，占总样本的 29.24%。样本农户文化程度普遍较低，其中 49.28% 的农户只有小学及以下文化程度，具有初中文化程度的农户占 32.31%，高中文化程度及以上的农户只占总样本的 18.41%。在专业技能方面，样本农户中具有专业技能或曾经接受过专业技能培训的农户只占总样本的 30.14%，69.86% 的农户没有专业技能。以上数据统计如表 4-4 所示。

表 4-4　　　　　　　　　样本农户个人基本特征

样本农户个人基本特征		农户数量（户）	所占比例（%）
农户民族	非少数民族	417	75.27
	少数民族	137	24.73
农户年龄结构	30 岁及以下	48	8.82
	31~40 岁	162	29.24

续表

样本农户个人基本特征		农户数量（户）	所占比例（%）
农户年龄结构	41～50 岁	203	36.64
	51～60 岁	87	15.70
	60 岁以上	54	9.60
农户受教育程度	不识字或识字很少	110	19.86
	小学	163	29.42
	初中	179	32.31
	高中、中专或技校	101	18.23
	大专及以上	1	0.18
农户是否具有非农专业技能	具有专业技能	167	30.14
	没有专业技能	387	69.86

资料来源：2017 年《宁夏生态移民区农户借贷行为研究》课题组问卷调查。

4.3.2 农户家庭资源禀赋

农户家庭资源禀赋特征主要包括劳动力人数、拥有耕地数量、收支结构和非农投资情况等方面。如表 4-5 统计数据显示，移民搬迁农户和非移民搬迁农户家庭的劳动力人数为 2 人的占比最高，分别占本区域总样本的 51.07% 和 53.27%，差异较小。在耕地数量方面，60.94% 的移民搬迁农户耕地面积在 1 亩（包括 1 亩）以下，27.47% 的移民搬迁农户耕地面积在 1～5 亩；30.22% 的非移民搬迁农户实际耕地面积在 1～5 亩，43.93% 的非移民搬迁农户实际耕地面积在 5～10 亩。宁夏引黄灌区耕地总量较少，生态移民搬迁农户从南部山区迁移到引黄灌区和中部干旱带，首先面临的是人均耕地面积的变化，耕地拥有量的变化对移民的生产生活方式有着重要的影响。

表 4-5　　　　移民和非移民搬迁农户家庭资源禀赋特征

农户基本情况		移民搬迁农户		非移民搬迁农户	
		户数（户）	占比（%）	户数（户）	占比（%）
农户家庭劳动力数量	1 人及以下	10	4.29	22	6.85
	2 人	119	51.07	171	53.27

农户基本情况		移民搬迁农户		非移民搬迁农户	
		户数（户）	占比（%）	户数（户）	占比（%）
农户家庭劳动力数量	3 人	51	21.89	68	21.18
	4 人	33	14.17	50	15.58
	5 人及以上	20	8.58	10	3.12
农户耕地数量	1 亩以下	142	60.94	11	3.42
	1~5 亩	64	27.47	97	30.22
	5~10 亩	12	5.15	141	43.93
	10~15 亩	9	3.86	51	15.89
	15 亩及以上	6	2.58	21	6.54

资料来源：2017 年《宁夏生态移民区农户借贷行为研究》课题组问卷调查。

4.3.3　农户正规借贷需求及获得情况差异性分析

从样本农户正规金融借贷情况来看（见表 4-6），在 233 户移民搬迁农户中有 180 户具有正规借贷需求，而实际获得贷款的有 80 户，实际获得正规贷款的农户占具有正规借贷需求的农户的 44.44%。在 321 户非移民搬迁农户中有 228 户具有正规借贷需求，而实际获得贷款的有 160 户，占具有正规借贷需求的农户的 70.18%。以上数据的描述性统计分析显示，近 56% 的移民农户的正规借贷需求没有得到满足。

表 4-6　　　　　样本农户正规贷款需求与获得情况

农户正规借贷获得情况	移民搬迁农户	非移民搬迁农户	合计
有正规借贷需求（户）	180	228	408
具有正规借贷需求的农户占总样本农户的比例（%）	77.25	71.03	73.65
实际获得正规借贷（户）	80	160	240
实际获得正规借贷占具有正规借贷需求样本农户的比例（%）	44.44	70.18	58.82

农户正规借贷获得情况	移民搬迁农户	非移民搬迁农户	合计
未获得正规借贷（户）	100	68	168
未获得正规借贷占具有正规借贷需求样本农户的比例（％）	55.56	29.82	41.18

资料来源：2017 年《宁夏生态移民区农户借贷行为研究》课题组问卷调查。

4.3.4 农户生产投资意愿及投资规模差异性分析

表 4 - 7 显示，样本农户中真正愿意进行农业生产投资的农户占全部样本农户的 56.32％，其中，移民农户占比为 29.61％，非移民农户占比 26.71％。不愿意进行农业生产投资的农户占比为 43.68％，其中移民农户仅占 12.45％，而非移民农户占比为 31.23％。总体来看，生态移民的农业生产投资积极性普遍比较高。根据调研样本数据统计，从样本农户的生产性投资规模来看，非移民农户平均每户年农业生产投资 7467.15 元，移民农户平均每户年农业生产投资 8147.44 元，可以看出样本农户整体农业生产性投资规模较小。

表 4 - 7　　　　　　　　　　　**样本农户生产投资意愿**

农户生产投资意愿	移民搬迁农户	非移民搬迁农户	合计
愿意（户）	164	148	312
占总样本比（％）	29.61	26.71	56.32
不愿意（户）	69	173	242
占总样本比（％）	12.45	31.23	43.68
数量合计（户）	233	321	554
占比合计（％）	42.06	57.94	100

资料来源：2017 年《宁夏生态移民区农户借贷行为研究》课题组问卷调查。

4.3.5 农户社会资本情况

从社会资本来看，样本农户中参加农民专业合作组织的农户仅占全部样本的 17.87％，但通过本次调研数据分析发现，参加农民专业合作组织的农户中对合作社经营项目的市场前景预期选择"非常好"和"比较好"的占比达 71.05%，25.00% 的农户认为合作社经营项目市场前景一般，仅有 3.95% 的农户认为市场前景不太好。从农户家庭年均人情礼金支出来看，主要集中于 500～2000 元，占比为 40.43%，人情礼金支出在 500 元以下的农户占比 24.73%，而人情礼金支出在 2000 元以上的农户占比为34.84%。农户与亲友来往程度反映出样本农户对社会网络关系的重视程度，选择"来往比较频繁"和"来往非常频繁"的农户占比分别为39.89% 和 19.86%，而选择"从不来往""偶尔来往""一般"的农户占比分别为 3.97%、8.66% 和 27.62%。同时，农户家庭成员或亲戚在村、乡或县有当干部的占比为 33.39%，农户家庭在本村是大户姓氏的占比达53.25%，这与调研村落主要以整村搬迁的集中安置区为调研样本地有关（见表 4－8）。

表 4－8　　　　　　　　　　样本农户社会资本情况

农户基本特征		户数（户）	占总样本比重（%）
农户是否参加了农民专业合作组织？	参加	99	17.87
	未参加	455	82.13
农户与亲友的来往情况	从不来往	22	3.97
	偶尔来往	48	8.66
	一般	153	27.62
	来往比较频繁	221	39.89
	来往非常频繁	110	19.86
农户人情礼金支出情况	500 元及以下	137	24.73
	500～2000 元	224	40.43
	2000～3500 元	77	13.91
	3500～5000 元	69	12.45
	5000 元以上	47	8.48
家庭成员或亲戚有无在村、乡或县当干部？	有	185	33.39
	无	369	66.61
农户是否是本村大户姓氏？	是	295	53.25
	否	259	46.75

资料来源：2017 年《宁夏生态移民区农户借贷行为研究》课题组问卷调查。

4.4　本章小结

　　本章内容系统回顾了宁夏回族自治区从 1983 年开始的吊庄移民、扶贫扬黄工程移民，到"十二五"期间大规模的生态移民，再到"十三五"易地扶贫搬迁新阶段以及宁夏"十四五"规划期间致富提升行动的出台这一历程，详细描述了宁夏在不同阶段移民发展现状与特点。宁夏移民工程经历了近 40 年时间，期间 100 多万移民走出了中南部山区，从大山深处走向美丽而富裕的生活，生产生活方式发生了天翻地覆的改变。但农户能否在移民迁入地得到长足发展，真正实现"搬得出、稳得住"的移民目标，本章重点以"十二五"期间宁夏生态移民迁入地为调研区域进行实地调研以此获得的农户微观数据为例，了解迁入地不同农户群体的农业生产的发展现状，为后续实证研究的需要做准备。同时，本章还详细描述了实地调查的整个过程与步骤，包括调研目的、问卷设计、样本的选择以及具体分布、样本量确定等，为之后的实证研究奠定了充分的基础。通过描述性统计分析也可以发现，移民农户相较于非移民农户总体显示出比较强烈的正规借贷需求和生产投资意愿。

第 5 章

社会资本对农户正规借贷
可获性的影响

—— 基于 Biprobit 模型的实证检验

5.1 引　言

　　党的十八大以来，我国在高度重视贫困地区扶贫开发工作的同时采取了一系列改革措施逐步完善农村金融市场，不断改进和创新金融扶贫方式，为引导更多金融资源向贫困地区倾斜和开展农村精准金融扶贫的综合改革试验提供了有利的外部政策环境。但是农村地区的融资困境依然是困扰我国农村地区农户中低收入群体发展的重要障碍之一。其突出表现为正规贷款的覆盖率在地区间的分布不平衡，农户仍然受到较为严重的信贷约束；正规金融机构还远远不能满足尤其是贫困地区农户的金融服务需求。农户中低收入群体融资困境不能得到长期有效的解决，已经成为影响农村经济发展和农户增收的"瓶颈"（张龙耀、江春，2011；李庆海等，2012；张宁、张兵，2014；牛荣等，2016；Yuan and Xu，2016）。

　　与此同时，学术界围绕农户"融资难"的问题进行了大量的研究，尤其是社会资本对农户正规借贷行为影响的研究以及在经济发展中的福利效应分析越来越受到关注。农户社会资本作为资深社会结构资源，可以借此获取经济资源并实现自身利益（科尔曼，1990），尤其是中国农村社会作为传统的关系网络型社会（徐璋勇、杨贺，2014），农户良好的社会资本积累使其更易获得正规金融机构的信赖，对正规借贷行为具有非常重要的影响，从而能够缓解信贷约束（杨明婉、张乐柱，2019）。除此以外，社会资本还可以减少高昂的信贷交易成本以及缓解借款者与贷款者之间的信息不对称，从而盘活农村金融市场，解决农户贷款难的问题（Van Bastelaer T，Leathers H，2006；张晋华等，2017）。往往拥有比较丰富"人脉"关系的农户更容易获取资金（孙颖、林万龙，2013）。

农村金融机构覆盖面的扩大需要以农户正规借贷市场参与程度的提高为前提，农户正规借贷市场参与程度的衡量又以其对正规借贷存在有效需求为必要条件（黄祖辉等，2009），同时农户借贷行为是资金提供者与资金需求者之间所形成的一致性行为，则农户正规借贷行为决策受需求方农户自主决策和供给方金融机构决策两方面的影响（李成友、李庆海，2016；徐云松，2016）。为生态移民迁入区提供最优资源配置与支持，为不同阶层的农户提供具有针对性的金融服务，现有研究从农村金融机构供给视角或农户需求视角的单向选择问题研究较多，但同时考虑农村金融市场需求与供给是否"匹配"的相关研究较少。如果没有将信贷供给和信贷需求两方面的因素区别开来，某些因素可能因为作用相反而同时影响或"冲击"农户是否获得贷款，相互抵消的可能性就很大，故而将正规借贷需求和信贷供给进行区别考虑有其重要性。

由于宁夏生态移民迁入区农户大多是从贫困人口众多且少数民族人口贫困发生率较高的中南部山区迁移而来，普遍存在信贷资金供需不平衡的现象，农户"融资难"的困境严重制约了该地区农户生产和发展的积极性，同时也阻碍了乡村振兴背景下农业现代化有效推进和农村经济的进一步发展。因此，如何增强贫困地区农村金融服务的精准性，让信贷资金真正投向农户中低收入群体，使农户中低收入群体真正脱贫致富已迫在眉睫。农户作为农村经济结构中最基本的经济单位和最直接的参与者，其行为特征直接关系到农村金融安排支持农村经济发展的效果（贺立龙、黄科，2017）。因此，本章以宁夏生态移民迁入区为研究区域，以宁夏生态移民区554户农户的调研数据为基础，引入社会资本因素，并将农户拥有的社会资本进行多维细化，通过运用 Biprobit 模型从供给与需求两方面深入探究社会资本对农户正规借贷行为影响的机理与异质性，精准识别农户正规借贷可获性的影响因素，为进一步优化正规金融机构与农户有效的信息沟通机制，建立与之相适应的金融服务供给制度，切实解决生态移民区农户融资难、抵押难等现实问题，有效解决生态移民迁入区农户信贷约束和改善农村金融环境提供理论参考。

5.2　数据说明与正规借贷需求判别

5.2.1　数据说明

本章所使用数据主要来源于 2016～2017 年宁夏生态移民迁入区农户借贷行为研究课题组，针对宁夏新一轮生态移民进程中的迁入地移民农户和非移民农户所进行的问卷调研。为了保证调研的顺利开展和数据的准确性，本次调查主要借鉴了费德等（Feder et al.，1990）和杰派利（Jappelli，1990）提出的意愿调查方法以及鲍彻等（Boucher et al.，2005）于农户正规借贷需求问卷调查中采用的直接诱导式询问方法（DEM），同时参考了国内学者汪三贵（2001）、韩俊等（2007）和刘西川等（2009）基于意愿调查衡量农户正规借贷需求的方法。

5.2.2　正规借贷需求判别

本章中的农户正规借贷需求是指农户在具有还款能力的条件下对正规金融机构表现出的真实信贷意愿。具有正规借贷需求的农户在这里包括正规金融机构现在的借款者和没有得到贷款但具有潜在贷款需求的农户（陈畅，2010），但具有潜在贷款需求的农户中一种是向正规金融机构申请贷款可能遭到拒绝；另一种是对正规金融机构贷款有需求，但主观上考虑自身经济状况、风险和交易成本等因素没有提出贷款申请。为准确判别农户是否具有正规借贷有效需求，通过调查问卷设计了以下几个问题。

（1）请问您的家庭近 3 年是否向农村信用社、村镇银行或其他银行机构获得过贷款？（选项：①是；②否），选择"是"的农户肯定存在正规借贷需求，而选择"否"的农户进入下一个问题进一步确认。

（2）如果您没有得到贷款，主要原因是什么？（选项：①没有主动申请；②申请后主动放弃；③申请被拒绝），选择"申请被拒绝"则可以视为具有正规借贷需求，而选择"没有主动申请"和"申请后主动放弃"的农户需要进行进一步识别。

（3）如果您选择"没有主动申请"，原因是什么？（选项：①自有资金能够满足生产生活需要；②没有借款的习惯，有多少钱办多大事；③利率太高；④手续太麻烦；⑤没人担保；⑥没有抵押、质押品；⑦借了怕还不起）。如果农户选择"自有资金能够满足生产生活需要""没有借款的习惯，有多少钱办多大事"和"利率太高"，则可以认为农户不存在正规借贷需求，选择④⑤⑥⑦的农户则认为其存在正规借贷需求。

（4）如果您选择"申请后主动放弃"，原因是什么？（选项：①手续太麻烦，其他条件太多；②金融机构的服务态度不好；③提供的贷款额度太小；④贷款期限太短；⑤从其他渠道得到了钱），如果农户选择"从其他渠道得到了钱"，则可以认为农户不存在正规借贷需求，选择其他选项的农户则认为其存在正规借贷需求（刘西川、黄祖辉、程恩江，2009）。具体识别步骤如图5-1所示。

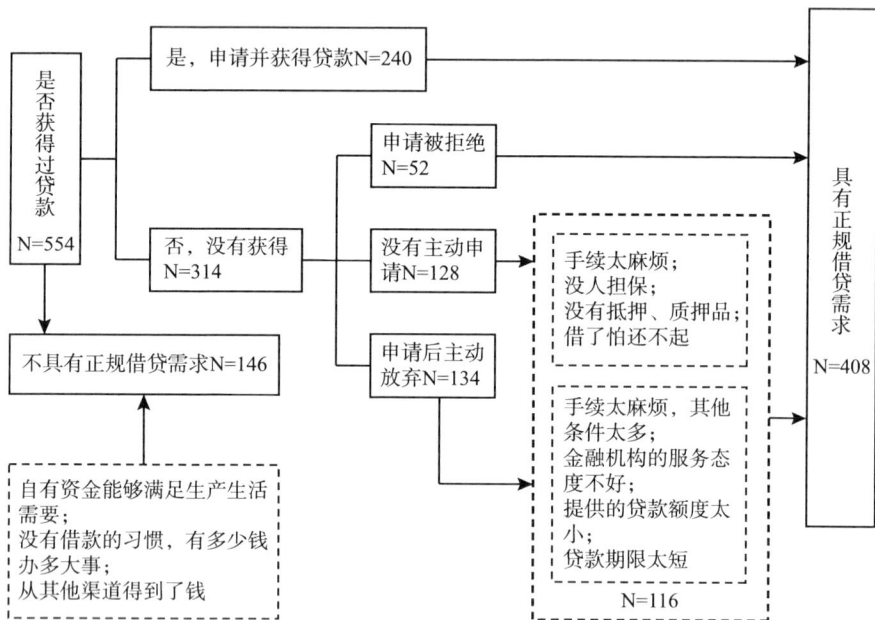

图5-1　农户正规借贷需求识别步骤

本章通过对以上问题的识别，农户正规借贷需求和实际借贷情况为：具有正规借贷需求的农户有408户，占总样本农户的73.65%；实际获得正规贷款的有240户，占总样本农户的43.32%，占具有正规借贷需求农户的58.82%，也就是表明近42%的农户的正规借贷需求没有得到满足。

调研中还发现，样本农户所获得正规贷款均来自当地农村信用社，这与学者们提出的农村信用社是农村地区正规金融的主力军的观点相一致（黄祖辉、刘西川、程恩江，2009）。

5.3　模型设定、估计方法及变量选择

5.3.1　模型设定

本章从农户和正规金融机构两个方面建立模型研究农户参与正规借贷市场的影响因素。首先假设农户和正规金融机构在遵循理性原则的条件下，根据自身所面临的内外部约束条件作出最优选择。假设 R_0 是农村正规金融机构的利率，X_d 是影响农户贷款边际收益的因素，农户借款的边际收益为 $MR(X_d)$，X_S 是影响农村正规金融机构贷款决策边际成本的因素，正规金融机构提供贷款的边际成本为 $MC(X_S)$，以上变量中 X_d 和 X_S 为外生变量（胡新杰、赵波，2013）。农户希望获得贷款并且正规金融机构愿意为其发放贷款，两者同时满足的条件可以表示为：

$$\begin{cases} MR(X_d) > R_0 \\ MC(X_S) < R_0 \end{cases} \tag{5.1}$$

式（5.1）表示农户得到贷款是由供给和需求两个方面决定的。因此，本章认为联立离散选择模型可以从供求视角下更好地研究农户正规借贷行为，且可以分离需求和供给的不同影响。

假设农户对农村正规金融机构有贷款需求，其需求函数为：

$$Y_{di}^* = Y_{di}(X_{di}) \tag{5.2}$$

假设农村正规金融机构对农户提供贷款，其供给函数为：

$$Y_{si}^* = Y_{si}(X_{si}) \tag{5.3}$$

本章中因变量分为供给函数的因变量和需求函数的因变量。供给函数中是以农户是否得到正规金融机构贷款作为因变量，农户得到贷款取值为 1，未得到贷款取值为 0。需求函数中是以农户是否具有正规借贷需求作为因变量，农户具有正规借贷需求则取值为 1，没有正规借贷需求则取值为 0。

5.3.2　估计方法

目前，国内相关研究所使用的估计方法主要分为两类：一类是单方程模型，主要采用 Probit 模型和 Tobit 模型来估计农户借贷行为（周宗安，2010；刘西川、黄祖辉、程恩江，2009）。一般假定所有农户存在正规借贷需求，而农户是否获得正规借贷只受正规金融机构放贷决策的影响，但这种方法忽略了未获得正规借贷的农户中，有一部分农户可能本身对正规金融机构并没有贷款需求（Kochar A，1997）。另一类是联立方程模型，以波里尔（Poirier，1980）首先提出的双变量 Probit 模型（Biprobit model）为主，该模型可处理数据为部分观测值的问题，且带有一般 Probit 模型的计算概率特点（Poirier D J，1980），主要采用局部可观察和需求可识别的双变量 Probit 模型来分析农户信贷行为（周密、张广胜、黄利，2012）。这两种模型都能较好解决单方程模型固有的由于需求和供给效应相分离所导致的有偏估计的缺陷（Greene W H，2011）。

本章因变量分别用虚拟变量 Y_{di} 和 Y_{si} 来表示农户正规借贷需求和供给两种决策行为，假设 $Y_{di}=1$ 表示农户有正规借贷需求，则 $Y_{di}=0$ 表示农户无信贷需求；同理，$Y_{si}=1$ 表示正规金融机构愿意发放贷款，则 $Y_{si}=0$ 表示正规金融机构不愿意发放贷款，农户和正规金融机构决策选择的相互作用可能产生"有需求，有供给""有需求，无供给""无需求，有供给"和"无需求，无供给"四种结果，以上四种结果可以简单地表示为（1，1）、（1，0）、（0，1）和（0，0）。这四种结果中可以通过数据直接观察到的是（1，1），其余三种结果中，（1，0）在现实中无法直接观察到，但通过借鉴鲍彻等（Boucher et al.，2005）在农户正规借贷需求问卷调查中采用的直接诱导式询问方法（DEM）可以获得（1，0）结果，这样就可以对"有需求、有供给"和"有需求、无供给"两种结果进行识别，相比之下，需求可识别的双变量 Probit 模型具有更高的估计效率（黄慧春，2014），符合现实中只有部分农户可能存在信贷需求的情况。因此，为了从农户的正规借贷需求和正规金融机构的资金供给两方面研究农户信贷行为以及影响因素，本章选择需求可识别的双变量 Probit 模型开展研究（徐璋勇、杨贺，2014）。

本章构建的农户信贷需求和信贷供给函数分别假设 Y_{si}^{*} 表示农户获得正规借贷供给的潜在变量，Y_{di}^{*} 代表农户对正规借贷需求的潜在变量，其表达式如下：

$$Y_{si}^* = \alpha_s X_{si} + \varepsilon_s \tag{5.4}$$

$$Y_{di}^* = \alpha_d X_{di} + \varepsilon_d \tag{5.5}$$

式（5.4）、式（5.5）中 X_{si} 为影响农户正规借贷供给的解释变量，X_{di} 为影响农户正规借贷需求的解释变量，α_s 和 α_d 是待估计参数，ε_s 和 ε_d 是误差项。假设误差项 ε_s 和 ε_d 服从联合正态分布，记为 ε_s，$\varepsilon_d \sim BVN(0$，0，1，1，$\rho)$，其中 ρ 是 ε_s 和 ε_d 的相关系数。同时，由于 Y_{si}^* 和 Y_{di}^* 是不可观察的，Y_{si}^*、Y_{di}^* 与 Y_{di}、Y_{si} 之间的关系如下：

$$Y_{si} = \begin{cases} 0, & \text{如果 } Y_{si}^* \leq 0 \\ 1, & \text{如果 } Y_{si}^* > 0 \end{cases} \tag{5.6}$$

$$Y_{di} = \begin{cases} 0, & \text{如果 } Y_{di}^* \leq 0 \\ 1, & \text{如果 } Y_{di}^* > 0 \end{cases} \tag{5.7}$$

假设 P 为农户 i 参与正规借贷的虚拟变量，$P=1$ 表示参与正规借贷，而 $P=0$ 则表示没有参与正规借贷，可表示为：

$$P = \begin{cases} 1, & Y_{si} = 1 \text{ 且 } Y_{di} = 1 \\ 0, & Y_{si} = 0 \text{ 或 } Y_{di} = 0 \end{cases} \tag{5.8}$$

本章中双变量 Probit 模型中的 Y_d 可以识别，则农户正规借贷需求与正规借贷供给概率可表示为：

当 $Y_{di}^* = 1$，$Y_{si}^* = 0$ 时，

$$P(Y_{di}^* = 1, Y_{si}^* = 0) = \phi(\alpha_d X_{di}) - \phi_2(\alpha_d X_{di}, \alpha_s X_{si}, \rho) \tag{5.9}$$

当 $Y_{di}^* = 1$，$Y_{si}^* = 1$ 时，

$$P(Y_{di}^* = 1, Y_{si}^* = 1) = \phi_2(\alpha_d X_{di}, \alpha_s X_{si}, \rho) \tag{5.10}$$

最后，采用极大似然法对方程（5.9）和方程（5.10）进行联合估计，其对数似然函数表示如下：

$$
\begin{aligned}
\ln L = \sum_{i=1}^{N} \{ & Y_{di}^* Y_{si}^* \ln \phi_2(\alpha_d X_{di}, \alpha_s X_{si}, \rho) \\
& + Y_{di}^* (1 - Y_{si}^*) \ln [\phi(\alpha_d X_{di}) - \phi_2(\alpha_d X_{di}, \alpha_s X_{si}, \rho)] \\
& + (1 - Y_{di}^*) \ln \phi(-\alpha_d X_{di}) \}
\end{aligned} \tag{5.11}
$$

其中，$\phi(\cdot)$ 为累积标准正态分布函数，$\phi_2(\cdot)$ 为二元累积正态分布函数。

根据以上分析可以看出，需求可识别双变量 Probit 模型假设条件更具一般性，包括了有贷款需求农户和无贷款需求农户在内的所有样本信息，

保证了样本的完备性，从而也避免了有偏估计。

5.3.3 变量选择

5.3.3.1 被解释变量

本章选择需求可识别双变量 Probit 模型进行实证分析，被解释变量主要分为供给函数的因变量和需求函数的因变量。供给函数中是以农户是否获得正规金融机构贷款作为因变量（YS），农户获得了正规借贷取值为 1，未得到正规借贷取值为 0。需求函数中是以农户是否具有正规借贷需求作为因变量（YD），农户具有正规借贷需求则取值为 1，没有正规借贷需求则取值为 0。

5.3.3.2 核心解释变量

基于前文的理论分析，本章核心解释变量为农户社会资本，主要分为社会网络、社会声望和社会参与三个方面，具体如表 5-1 所示。

表 5-1 农户社会资本变量统计描述

变量分类	变量名称	变量赋值描述
$F0$	农户社会网络变量	
$F01$	宗族型社会资本	农户家族是否是本村大户姓氏？1 = 是；0 = 否
$F02$	组织型社会资本	农户是否参加了农民专业合作社（或类似组织）？有 =1；没有 =0
$F03$	身份型社会资本	农户家庭成员或亲戚中是否有人在村或乡或县里当干部？有 =1；没有 =0
$F04$		农户所处区域分为生态移民村和川区非移民村：生态移民 =1；非生态移民 =0
$F1$	农户社会声望变量	
$F11$	当您家有大事发生时，村里人是否愿意帮您？	1 = 非常多，2 = 比较多，3 = 一般，4 = 比较少，5 = 几乎没有
$F12$	当别人有重大事情需要做决定是否愿意找您商量？	1 = 非常多，2 = 比较多，3 = 一般，4 = 比较少，5 = 几乎没有

续表

变量分类	变量名称	变量赋值描述
F13	农忙时，村子里的人是否愿意帮忙？	1 = 非常多，2 = 比较多，3 = 一般，4 = 比较少，5 = 几乎没有
F14	您家盖房子村里人是否愿意帮忙？	1 = 非常多，2 = 比较多，3 = 一般，4 = 比较少，5 = 几乎没有
F2	农户社会参与变量	
F21	您是否会号召其他农户一起参与公共事务？	1 = 非常多，2 = 比较多，3 = 一般，4 = 比较少，5 = 几乎没有
F22	村里的集体活动您是否经常参加？	1 = 非常多，2 = 比较多，3 = 一般，4 = 比较少，5 = 几乎没有
F23	您在村中公共事务决策时是否提出过建议？	1 = 非常多，2 = 比较多，3 = 一般，4 = 比较少，5 = 几乎没有
F24	您是否参加村里的"一事一议"？	1 = 非常多，2 = 比较多，3 = 一般，4 = 比较少，5 = 几乎没有

（1）社会网络。

农户社会网络变量的选取借鉴了童馨乐、杨向阳（2013）和严武、陈熹（2014）的研究，主要包括：①宗族型社会资本。主要指农户因血缘关系和族缘关系所形成的宗族关系网络资本，本章用"农户姓氏是否是本村大户姓氏"来反映，是农户家庭重要的社会资本禀赋之一。宁夏生态移民迁入区拥有大户姓氏的农户在村落中的权威性对于农户的带动作用不可忽视。②组织型社会资本。主要指农户与农民专业合作组织之间较为明确的联系，本章选择"农户是否参加了农民专业合作社"为衡量标准。农户参加农民专业合作组织或类似经济组织的情况反映了农户的合作意愿和合作能力（赵兰香、张素罗，2013），也就是说农户通过农业生产合作、农村资源利用和共同市场风险规避，以实现农村经济、社会的发展而采取的协同解决问题的全部方法和措施（王云飞，2010）。③身份型社会资本。包括"农户家庭成员中是否有干部"和"农户是否为移民"，农户自身由于所拥有的特殊身份会形成特定的关系网络，进而影响其资源配置能力。

（2）社会声望和社会参与。

借鉴已有研究（严奉宪、张琪，2017；刘庆、朱玉春，2015；何可等，2015），设计"当您家有大事发生时，村里人是否愿意帮您？""当别人有重大事情需要做决定是否愿意找您商量？""农忙时村子里的人是否愿意帮忙？"和"您家盖房子村里人是否愿意帮忙？"四个指标衡量农户社会声望变量。设计"您是否会号召其他农户一起参与公共事务？""村里的集体活动您是否经常参加？""您在村中公共事务决策时是否提出过建议？""您是否参加村里的'一事一议'？"四个指标衡量农户社会参与变量，以上两个社会资本变量的所有问题答案选项采用 Liken 五级量表的形式，从"非常多、比较多、一般、比较少和几乎没有"进行设计。

但是农户社会资本的社会参与和农户社会声望两个维度不同于社会网络变量的设置，均涉及多个变量，如果直接使用原始变量可能使得回归结果出现不稳定、拟合效果不好等情况，故而在分析农户正规借贷行为影响因素之前，首先采取因子分析法分别对两个社会资本变量进行降维处理。数据能否应用因子分析法，常用 KMO 检验与 Bartlett 球形检验。利用 SPSS19.0 软件采用因子分析法计算得出社会声望维度（$F1$）的 4 个变量（$F11 \sim F14$）的 KMO 检验值是 0.804，Bartlett 球形检验的 sig 值为 0.000；社会参与维度（$F2$）的 4 个变量（$F21 \sim F24$）的 KMO 检验值是 0.803，Bartlett 球形检验的 sig 值为 0.000，说明适合采用因子分析法分析（具体如表 5 - 2 所示）。

表 5 - 2　　　　　　　　　　KMO 检验和 Bartlett 球形检验结果

检验结果		社会参与维度	社会声望维度
KMO 值		0.803	0.804
Bartlett 球形检验	卡方值	1132.777	861.053
	自由度	6	6
	显著性水平	0.000	0.000

资料来源：根据对调研数据的因子分析结果整理得出。

通过检验后，分别提取特征根大于 1 的公共因子，累计方差贡献率分别为 67.431% 和 72.476%，以方差贡献率比重计算权重，最终得到农户社会参与和社会声望两个维度的因子得分。计算所得影响因素方差解释如表 5 - 3 和表 5 - 4 所示。然后对数据进行主成分分析并进行因子旋转，得到成分矩阵表（见表 5 - 5 和表 5 - 6）。将通过因子分析方法获得的两个主成分作为自变量，分别以社会声望因子和社会参与因子命名，最后根据计算的结果，将其作为自变量放入后文中的双变量 Probit 模型。

表 5 - 3　　　　　　　　　　　社会声望变量方差解释

成分	初始特征值			提取载荷平方和		
	总计	方差百分比（%）	累计方差百分比（%）	总计	方差百分比（%）	累计方差百分比（%）
1	2.697	67.431	67.431	2.697	67.431	67.431
2	0.540	13.502	80.932			
3	0.422	10.543	91.475			
4	0.341	8.525	100.000			

资料来源：根据对调研数据的因子分析结果整理得出。

表 5 - 4　　　　　　　　　　　社会参与变量方差解释

成分	初始特征值			提取载荷平方和		
	总计	方差（%）	累计方差百分比（%）	总计	方差（%）	累计方差百分比（%）
1	2.899	72.476	72.476	2.899	72.476	72.476
2	0.513	12.835	85.310			
3	0.313	7.829	93.139			
4	0.274	6.861	100.000			

资料来源：根据对调研数据的因子分析结果整理得出。

表 5 - 5　　　　　　　　　农户社会声望资本成分矩阵

指标	成分 社会声望因子 $F1$
当您家有大事发生时，村里人是否愿意帮您？	0.837
当别人有重大事情需要做决定是否愿意找您商量？	0.770
农忙时，村子里的人是否愿意帮忙？	0.824
您家盖房子村里人是否愿意帮忙？	0.851

资料来源：根据对调研数据的因子分析结果整理得出。

表 5 - 6　　　　　　　　　农户社会参与资本成分矩阵

指标	成分 社会参与因子 $F2$
您是否会号召其他农户一起参与公共事务？	0.817
村里的集体活动您是否经常参加？	0.869
您在村中公共事务决策时是否提出过建议？	0.883
您是否参加村里的"一事一议"？	0.834

资料来源：根据对调研数据的因子分析结果整理得出。

5.3.3.3　控制变量

为了更精确地研究社会资本与农户家庭正规借贷的关系，本章控制了户主特征层面（户主民族、年龄、受教育程度和专业技能）、农户家庭层面（人口规模、人均耕地面积、非农经营收入占比、生产性支出占比、上学人口和非农投资项目）和农户金融认知层面（金融网点距离、对联保贷款政策的了解程度和对金融机构服务的满意程度）变量。具体变量分类、名称和赋值情况如表 5 - 7 所示。

表 5 - 7　　　　　　　　主要解释变量分类、名称及赋值

变量分类		变量名称	变量赋值描述	均值	标准差
户主 基本 特征	$X1$	民族	农户是否少数民族：是 =1；否 =0	0.25	0.43
	$X2$	年龄	农户户主年龄（岁）	44.41	10.43
	$X3$	受教育程度	户主受教育程度：不识字或识字很少 =1，小学 =2，初中程度 =3，高中、职高或中专 =4，大专及以上 =5	2.50	1.02
	$X4$	专业技能	户主有非农专业技能 =1，户主无非农专业技能 =0	0.30	0.46
农户 家庭 基本 特征	$X5$	家庭劳动力	农户家庭劳动力人口：农户家庭16 ~ 65 岁的劳动力数量（人）	2.62	1.09
	$X6$	人均耕地	农户家庭人均耕地数量（亩）	1.30	1.25
	$X7$	非农经营收入占比	非农经营收入占农户家庭年总收入比例（％）	0.08	0.23

续表

变量分类		变量名称	变量赋值描述	均值	标准差
农户家庭基本特征	X8	生产性支出占比	生产性支出占农户家庭年总支出比例（%）	0.28	0.21
	X9	上学人口	农户家庭上学人口（人）	1.13	0.91
	X10	非农投资项目计划	2015 年以来您家有无比较明确且重要的非农投资项目？有 =1；没有 =0	0.64	0.48
金融认知变量	X11	金融网点距离	您家离最近的银行、信用社或邮政储蓄等网点的距离？（公里）	4.25	2.48
	X12	是否了解村民联保贷款政策？	您是否知道可通过由本村村民组成的贷款联保小组来向信用社申请贷款？知道 =1；不知道 =0	0.60	0.49
	X13	对金融服务的满意程度	农户是否对农村信用社的金融服务满意？满意 =1，比较满意 =2，一般 =3，比较不满意 =4，很不满意 =5	2.67	0.97
社会资本	F0	农户社会网络变量			
	F01	宗族型社会资本	农户家族是否是本村大户姓氏？1 =是；0 =否	0.53	0.50
	F02	组织型社会资本	农户是否参加了农民专业合作社（或类似组织）？有 =1；没有 =0	0.18	0.38
	F03	身份型社会资本	农户家庭成员或亲戚中是否有人在村或乡或县里当干部？有 =1；没有 =0	0.33	0.47
	F04		农户所处区域分为生态移民村和川区非移民村：生态移民 =1；非生态移民 =0	0.42	0.49
	F1	社会声望因子	由因子分析所得分值	0	1
	F2	社会参与因子	由因子分析所得分值	0	1

5.4　实证结果分析

　　基于以上对社会资本变量的因子分析结果，运用 Stata12.0 对农户正规借贷可获性进行双变量 Probit 模型估计，估计结果如表 5 - 8 所示。从估计结果来看，似然比检验的 Chi-squared 值为 187.005，且模型的 rho 值通过了似然比显著性检验，结果表明需求方程和供给方程存在联立关系，农村正规金融机构贷款供给受到农户正规借贷需求的显著影响。

表 5 - 8　　　　　　需求可识别双变量 Probit 模型的估计结果

变量	供给方程			需求方程		
	估计系数	标准误差	$P > \lvert z \rvert$	估计系数	标准误差	$P > \lvert z \rvert$
民族（$X1$）	− 0.1265	0.1523	0.406	− 0.0693	0.1641	0.673
年龄（$X2$）	0.0599	0.0396	0.130	0.0585	0.0406	0.149
年龄平方（Xsq）	− 0.0008	0.0004	0.065 *	− 0.0007	0.0004	0.082 *
受教育程度（$X3$）	− 0.0368	0.0627	0.557	− 0.0128	0.0680	0.851
专业技能（$X4$）	− 0.1515	0.1285	0.238	− 0.3664	0.1310	0.005 ***
家庭劳动力（$X5$）	− 0.0961	0.0563	0.088 *	− 0.0244	0.0565	0.666
人均耕地数量（$X6$）	0.1067	0.0535	0.046 **	0.1045	0.0617	0.090 *
非农经营收入占比（$X7$）	0.4841	0.2542	0.057 *	0.2295	0.2786	0.410
生产性支出占比（$X8$）	0.6384	0.2863	0.026 **	0.7855	0.3073	0.011 **
上学人口（$X9$）				0.2842	0.0654	0.000 ***
非农投资项目（$X10$）	0.1477	0.1220	0.226	0.1364	0.1286	0.289
金融机构的距离（$X11$）	0.0012	0.0193	0.949			
是否了解村民联保贷款政策？（$X12$）	—	—	—	− 0.0419	0.1051	0.690
对农村金融机构服务的满意程度（$X13$）	− 0.4022	0.0600	0.000 ***	− 0.1761	0.0650	0.007 ***
是否本村大户姓氏？（$F01$）	0.2178	0.1212	0.072 *	0.1354	0.1264	0.284
农户参加农合组织情况（$F02$）	0.3474	0.1553	0.025 **	− 0.0001	0.1684	0.999
有无当干部的亲戚？（$F03$）	− 0.0061	0.1245	0.961	− 0.1150	0.1309	0.380
农户是否移民？（$F04$）	− 0.2710	0.1462	0.064 *	0.4919	0.1654	0.003 ***
社会声望因子（$F1$）	− 0.1128	0.0647	0.081 *	− 0.0649	0.0707	0.359
社会参与因子（$F2$）	− 0.1535	0.0620	0.013 **	− 0.0236	0.0679	0.728
常数项	− 0.2619	0.9501	0.783	− 0.6439	1.0074	0.523
rho	$Prob > \chi^2 = 0.000$					
最大似然函数值	− 513.532					
LR 卡方值	187.005					
样本量	554					

注：* 、 ** 、 *** 分别表示在 10%、5%、1% 水平上显著，—表示该变量未进入模型。

5.4.1 农户正规借贷需求影响因素分析

5.4.1.1 农户社会资本的影响

农户正规借贷需求方面，只有身份型社会资本"农户是否移民"变量对其正规借贷需求呈正向影响作用，且显著性水平为1%，这说明移民搬迁农户相较于非移民农户而言具有较强的正规借贷需求。本次调研数据也显示出在233户移民搬迁农户中有正规借贷需求的是180户，正规借贷需求占比达77.25%；在321户川区非移民搬迁农户中有正规借贷需求的是228户，正规借贷需求占比为71.03%。移民搬迁农户都是从宁夏南部山区通过生态移民工程整村迁移到宁夏引黄灌区（川区），不管在生产投资方面还是生活支出方面资金缺口较大，因此在正规借贷需求方面，移民农户相较于非移民农户而言表现得更为强烈。

5.4.1.2 户主及家庭基本特征的影响

从估计结果来看，户主年龄对农户正规借贷需求的影响为正，但并不显著，而户主年龄平方在10%的显著性水平上负向影响其正规借贷需求。表明户主年龄与农户对正规借贷的需求呈现倒"U"型关系，即农户对正规金融的信贷需求随着户主年龄的增长先呈上升趋势，但当户主超过一定年龄之后，其风险规避意识逐步增强，正规借贷需求又呈下降趋势（赵建梅、刘玲玲，2013；陈芳，2016）。同时，户主有无非农专业技能对农户正规借贷需求在1%的显著性水平上具有负向影响作用，说明具有非农专业技能的农户对正规借贷的需求较低，反之，不具有非农专业技能的农户对正规借贷的需求较高。因为具有非农专业技能的农户外出务工且获得工作的机会较多，工资性收入成为农户家庭收入的主要来源，而工资性收入对农户正规借贷需求具有一定的替代作用。

5.4.1.3 农户家庭经济特征的影响

农户家庭人均耕地数量和生产性支出占农户家庭年总支出比例分别在10%和5%的显著性水平上对农户农村正规借贷需求影响为正。一般来说，耕地越多，土地投入会越多，家庭生产性支出越大，农户对资金的需求就越强烈，同时也越有可能面临资金问题，农户也越可能具有正规借贷需求

（易小兰，2012）。同时，农户家庭中上学人口数在1%的显著性水平上对农户正规借贷需求有正向影响作用，这意味着农户家庭中上学人口越多，发生正规借贷需求的可能性越大。因为教育支出对于贫困地区的大多数农户而言，数额较大且表现出刚性特征，仅依靠农户家庭资金积累和亲朋好友的援助难以解决。

5.4.1.4　农户金融认知的影响

农户对农村信用社金融服务的满意程度在1%的显著性水平上对农户正规借贷需求有负向影响作用，即农户对农村信用社的金融服务越满意，则对正规金融借贷需求越高。农户对金融机构服务的满意程度代表了农户对正规金融的评价和认可程度，也意味着农户对金融机构的申请条件和程序的了解，使农户能够理性思考其承受农村正规金融机构信贷产品的交易成本和未来可能面临的风险，则进入正规金融市场的成本越小，农户越倾向于向正规金融借贷。

5.4.2　农户正规借贷可获性的影响因素分析

5.4.2.1　农户社会资本的影响

供给方程的估计结果显示，农户社会资本变量，包括农户社会网络（农户是否参加农民专业合作社、农户是否本村大户姓氏、是否移民）、农户社会声望和农户社会参与因子对农户正规金融机构贷款可获性都有显著的影响作用。

（1）社会网络。

农户参加农民专业合作社在5%的显著性水平上对其获得正规借贷有正向影响作用，即农户加入农民专业合作社可以提高其获得正规金融机构贷款的概率。一方面，农户参加农民专业合作社不但增强了自身的生产能力和经济实力，增加了稳定的收入来源；另一方面，农户参加农民专业合作社，在一定程度上建立了隐形担保，金融机构通过合作社减少了和农户的信息不对称性，从而提高了农户获得正规金融机构贷款的可能性。农户如果是本村大户姓氏对其获得正规金融机构贷款有显著的正向影响作用。如果农户家族是本村大户姓氏，则意味着该农户较一般农户具有比较广泛的社会网络，贫困地区农户大多缺乏可以抵押的财产，而比较广泛的社会网络有助于农户间的联合并弥补其缺乏抵押品的不足，因此往往比一般农户更加容易获得正规金融机构的贷款。是否移民变量对农户正规金融机构贷款可得性呈负向影响作用，且显著性水平为10%，这说明相较于非移民农户而言，移民搬迁农户更难以获得正规金融机构的贷款。本次调研数据显示，在180户有正规借贷需求的移民搬迁农户中实际获得正规贷款的农户占比只有44.44%。在228户有正规借贷需求的非移民搬迁农户中实际获得正规贷款的农户占比达到70.18%，同时从本次调研数据中的户均收入和人均收入来看，非移民农户均高于移民搬迁户，这也说明比较富裕的农户更易于获得资金供给者的贷款，移民搬迁农户受到较严重的信贷约束。

（2）社会声望和社会参与。

农户社会声望因子和社会参与因子分别在10%和5%的显著性水平上对其获得正规金融机构贷款有负向影响作用，也就是说，农户参与村集体活动的积极性越高，其获得正规金融机构贷款的概率越高，因为农户通过参与村集体活动可以获得更加广阔的社会资本，从而为获取更多正规融资信息提供便利，在争取贷款时则体现出明显优势，进而获得正规金融机构贷款的概率就越高（郑世忠、乔娟，2007）。农户在本村的声望越高能给自身带来更多的融资便利。

5.4.2.2　户主及家庭基本特征的影响

供给方程的估计结果显示，户主年龄对农村正规金融机构资金供给的影响为正，但并不显著，而户主年龄平方在10%的显著性水平上负向影响农户正规借贷供给，即农村正规金融机构给农户发放贷款的概率随着户主年龄的增加先上升后下降，呈现倒"U"型关系，表明正规金融机构更加注重农户的潜在还款能力（朱喜、马晓青、史清华，2009）。农户家庭劳动力数量在10%的显著性水平上对农村正规金融机构的资金供给影响为负，即农户家庭劳动力数量越多并不能表明农户家庭资信能力越高，因为金融机构更看重的是劳动力非农就业情况。

5.4.2.3　农户家庭经济特征的影响

在农户家庭经济特征变量中，农户家庭人均耕地数量对农村正规金融机构资金供给的影响为正，显著性水平为5%。也就是说，农户家庭人均耕地面积的扩大能有效提高农户正规借贷可得性。目前，农户耕地虽然不可以普遍作为很好的抵押品，但对于金融机构贷款而言，农户耕地数量可以作为其审核农户贷款申请时决策信息的甄别指标（胡新杰、赵波，

2013）。非农经营收入占农户家庭年总收入比例和生产性支出占农户家庭年总支出比例对农村正规金融机构资金供给的影响为正，显著性水平分别为10%和5%，表明非农收入和生产性支出越高的农户，从正规金融机构获得贷款的概率越高，也说明农村正规金融机构进行贷款决策时更加看重的是农户的非农经营收入和生产性投资支出水平。

5.4.2.4 农户金融认知的影响

农户对金融机构服务的满意程度对农村正规借贷供给在1%的显著性水平上具有负向影响作用，即农户对金融机构的服务越满意，获得正规借贷的可能性也越高。这可能因为农户对正规金融机构服务的评价意味着农户充分了解正规金融机构的申请条件和程序情况，也就意味着农户贷款过程中反馈的信息能够及时被正规金融机构比较充分地掌握，使得交易成本较低，农户获得正规借贷的可能性就越高。

5.4.3 基于移民和非移民农户的差异性分析

基于以上分析结果可以发现，社会资本对生态移民迁入区农户的正规借贷可获性具有显著的影响作用，但为了进一步探讨农户层面的异质性，在此将从移民和非移民农户角度进行划分，分析社会资本影响其正规借贷可获性的差异性。本章继续运用Stata12.0对不同农户正规借贷可获性进行双变量Probit模型估计，表5-9列示了社会资本对不同农户正规借贷可获性的回归结果。结果发现：对生态移民迁入区的移民农户而言，社会资本变量中的社会参与变量显著影响移民农户的正规借贷可获性，即移民农户社会参与的积极性越高，越能够提升其正规借贷的概率。对生态移民迁入区的非移民农户而言，社会资本中组织型社会资本、社会声望和社会参与资本均对其正规借贷具有显著的影响作用，即非移民农户参与农合组织能够提升其获得正规借贷的概率，同时社会声望和社会参与积极性越高，非移民农户获得正规融资的可能性越大。从农户异质性分析结果可以看出，虽然移民和非移民农户的社会资本对其正规融资均有促进作用，但是更加显示出移民农户相较于非移民农户的社会资本在融资的可获性方面还没有发挥其充分的促进作用。究其原因，主要是移民农户由于搬迁导致原有社会关系被打破，短期内没有得到重构，搬迁后移民将自己定义为"外来人"难免产生客居心态，加之贫富差距使得部分移民认为与原住民无法交流，逐渐自我封闭的行为也削弱了与原居民以及各种组织社团之间的交往交流的积极性（聂君，2020）。

表 5 - 9　　基于移民和非移民农户的需求可识别双变量 Probit 模型的估计结果

变量	移民农户		非移民农户	
	供给方程	需求方程	供给方程	需求方程
民族（X1）	- 0. 4109 * (0. 2308)	- 0. 0257 (0. 2480)	0. 1241 (0. 2240)	- 0. 0207 (0. 2415)
年龄（X2）	0. 2147 ** (0. 0839)	0. 0411 (0. 0632)	0. 0312 (0. 0536)	0. 0204 (0. 0583)
年龄平方（Xsq）	- 0. 003 *** (0. 0010)	- 0. 0004 (0. 0007)	- 0. 0005 (0. 0005)	- 0. 0004 (0. 0006)
受教育程度（X3）	0. 0122 (0. 1126)	- 0. 2627 ** (0. 1222)	- 0. 0315 (0. 0884)	0. 1040 (0. 1617)
专业技能（X4）	- 0. 3159 (0. 2375)	- 0. 3439 (0. 2319)	- 0. 0986 (0. 1611)	- 0. 2914 * (0. 1617)
家庭劳动力（X5）	- 0. 1095 (0. 1086)	- 0. 0581 (0. 0954)	- 0. 1239 * (0. 0722)	- 0. 0225 (0. 0743)
人均耕地数量（X6）	- 0. 0466 (0. 1038)	- 0. 0177 (0. 1031)	0. 1298 * (0. 0699)	0. 1831 ** (0. 0739)
非农经营收入占比（X7）	0. 4518 (0. 5634)	1. 1885 (0. 7624)	0. 2962 (0. 2952)	0. 0188 (0. 3063)
生产性支出占比（X8）	1. 5400 *** (0. 5003)	0. 7581 (0. 5038)	- 0. 0055 (0. 4012)	0. 4248 (0. 3991)
上学人口（X9）	—	0. 3768 *** (0. 1380)	—	0. 3034 *** (0. 0737)
非农投资项目（X10）	- 0. 0811 (0. 2200)	- 0. 0268 (0. 2375)	0. 3713 ** (0. 1567)	0. 3455 ** (0. 1656)
金融机构的距离（X11）	- 0. 0571 (0. 0424)	—	0. 0103 (0. 0272)	—

续表

变量	移民农户		非移民农户	
	供给方程	需求方程	供给方程	需求方程
是否了解村民联保贷款政策？(X12)	—	-0.5200* (0.2826)	—	-0.0280 (0.0974)
对农村金融机构服务的满意程度（X13）	-0.4262*** (0.0992)	-0.4283*** (0.1380)	-0.3149*** (0.0809)	0.0026 (0.0852)
是否本村大户姓氏？(F01)	0.1964 (0.2319)	-0.1054 (0.2394)	0.2352 (0.1531)	0.1415 (0.1567)
农户参加农合组织情况（F02）	0.2908 (0.2544)	0.0553 (0.2938)	0.3905* (0.2246)	0.1201 (0.2458)
有无当干部的亲戚？(F03)	-0.2316 (0.2343)	0.0706 (0.2392)	-0.0036 (0.1612)	-0.1465 (0.1674)
社会声望因子（F1）	-0.1844 (0.1211)	-0.0062 (0.1347)	-0.1533* (0.0877)	-0.1340 (0.0962)
社会参与因子（F2）	-0.1860* (0.1087)	0.1580 (0.1276)	-0.1428* (0.0845)	-0.0434 (0.0898)
常数项	-3.1169* (1.8549)	1.8224 (1.5013)	0.0509 (1.3136)	-0.7394 (1.4359)
rho	$Prob > \chi^2 = 0.000$		$Prob > \chi^2 = 0.000$	
最大似然函数值	-187.879		-296.923	
LR 卡方值	39.657		159.155	
样本量	233		321	

注：*、**、***分别表示在10%、5%、1%水平上显著，括号内为标准误。

5.5 本章小结

农户借贷行为是资金提供者与资金需求者之间所形成的一致性行为，农户正规借贷行为决策受需求方农户自主决策和供给方金融机构决策两方面的影响（李成友、李庆海，2016；徐云松，2016）。为了给予生态移民迁入区农户最优资源配置与支持，为不同融资需求的农户提供具有针对性的金融服务，本章研究分别从农村金融机构供给视角和农户需求视角，考虑农村金融市场上需求与供给是否"匹配"，某些供给和需求的因素可能同时影响或"冲击"农户是否获得贷款，如果它们的作用方向相反，相互抵消的可能性就很大，将信贷供给和信贷需求两方面的因素区别开来，同时引入社会资本因素，并将农户拥有的社会资本进行细化，以宁夏生态移民区为研究区域，宁夏生态移民区 554 户农户的调研数据为基础，通过运用 Biprobit 模型从供给与需求两方面深入探究社会资本对农户正规借贷行为影响的机理与异质性，精准识别农户正规借贷可获性的影响因素，为进一步优化正规金融机构与农户有效的信息沟通机制，建立与之相适应的金融供给制度，切实解决生态移民区农户融资难、抵押难等现实问题。

第 6 章

社会资本对农户生产性
投资决策的影响
——基于正规借贷可获性的中介效应检验

6.1 引　言

相关研究表明，农户家庭经营拥有能够较好地解决农业生产组织内部问题、内部监督成本低的先天优势。农户之间相互依赖程度大，常以亲情为纽带开展生产活动以求建立更加牢固的关系。由家族、邻里、政府构成的社会结构网络形成了生产和发展的主要社会资本，影响农户生产投资行为和方向，进而影响其生产投资带来的福利效应（杨芳等，2019）。农户生产性投资影响因素已得到较多的讨论，但从社会资本角度探讨农户农业生产性投资的影响还没有得到充分的理论论证和实证检验。尤其在农村"熟人社会"的背景和农业经营在资金可获性的现实约束下，农户农业生产性投资行为表现出怎样的特征？社会资本对农户生产性投资行为的影响机制如何？农户正规借贷资金可获性是否可以产生中介效应？以上问题都亟须深入探究。本章研究基于第 4 章理论分析和文献梳理，通过实证检验社会资本对农户生产性投资决策的影响作用。同时，本章试图检验正规借贷可获性在社会资本影响农户生产性投资决策中的中介效应，从而更好地剖析社会资本影响农户生产性投资的机理，也试图通过改变农户农业投资的外部环境来矫正农户的农业投资行为，以保障农业生产要素投入且维系乡村社会的稳定，以此来达到社会福利的最大化就非常必要。

本章构建"社会资本—正规借贷可获性—农户的生产性投资"的理论

分析框架，回答以下问题：第一，社会资本是否对农户的生产性投资意愿和规模产生激励作用？第二，社会资本是否会通过正规借贷可获性对农户生产性投资行为产生中介效应？故本章以农户社会资本为切入点，探究其对农户农业生产性投资的直接影响机理，以及农户正规借贷可获性可能在其中发挥的中介效应并进行实证检验，从而提出构建激励和引导农户农业生产性投资合理化的内生动力机制和相应政策措施，以拓宽农户投资的研究路径和理论体系。基于以上理论分析框架的中介效应模型如图 6 - 1 所示。

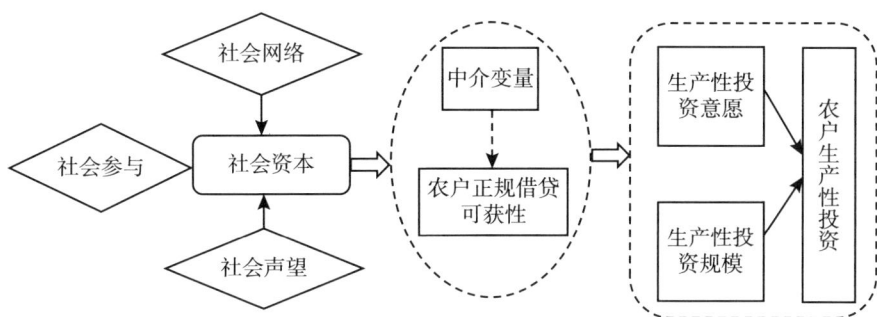

图 6 - 1　中介效应运作机制

6.2　数据说明和变量选择

6.2.1　数据说明

本章所使用数据仍来源于 2017 年宁夏生态移民区农户借贷行为研究课题组针对宁夏新一轮生态移民进程中的移民安置区农户和迁入地非移民农户进行的问卷调研。本章研究中主要对具有正规借贷需求的 408 户农户数据进行了实证研究。

6.2.2　变量选择

农户行为是由个人因素、经济因素、社会因素及心理因素等多个复杂因素的影响而共同作用的结果（Illukpitiya and Gopalakrishnan，2004），因此本章选取了如下变量。

6.2.2.1 农户生产性投资（Y）

农户的农业生产性投资是作为行为主体的农户在各种社会经济信号的影响下所表现出来的农业生产性投资反应（刘承芳、张林秀、樊胜根，2002）。借鉴已有研究，本章中的农户农业生产性投资主要通过农户未来对生产性投资的意愿（Y_{t1}）和目前农户的农业生产性投资规模（Y_{t2}）来表示。农户农业生产性投资意愿为二元变量，若农户愿意投资，则 $Y_{t1}=1$；反之，$Y_{t1}=0$。农业生产性投资规模（Y_{t2}）主要包括两类：第一类是流动性投资，包括种子、农药、化肥等；第二类是固定投资，主要指农业机械和运输机械。用 2016 年农户在这两类生产性投资方面投入的加总来表示（De Brauw A，2008）。调查问题是将投资总额划分成区间并进行赋值：1500 元及以下 =1，1500~5000 元 =2，5000~10000 元 =3，10000~15000 元 =4，15000~30000 元 =5，30000 元以上 =6。

6.2.2.2 社会资本（V）

社会资本作为一种资本形式，是社会网络的价值体现以及从中萌生的为个体服务的倾向。农户的生产性投资主要是通过市场交易的形式或在农村社区内与其他同业农户、组织或个人进行交换获得农业生产资料。因此，本章社会资本指标选取依据前文，主要包括社会网络（组织型社会资本、宗族型社会资本和身份型社会资本）、社会声望和社会参与三大类。

（1）社会网络。

组织型社会资本（$V1$）用农户是否参与农民专业合作组织来衡量。参与合作组织是基于互惠和信任的基础上农户对其的认知和融入（杨晶等，2019；王永龙，2012），农户的参与度越高，农户在合作组织结构中拥有直接连带数量越多，也有利于促进合作组织的民主管理和调动成员合作的积极性（王永龙，2012）。而且农民专业合作组织已根植于典型的中国农村社会，是农户的一项重要的社会资本资源，相比传统小农户更具"外放性"（崔宝玉，2015），使得农户参与合作组织后产生的社会资本更具拓展空间与利用价值。

宗族型社会资本（$V2$）。本章主要选取农户人情礼金支出和农户与亲友来往情况作为宗族型社会资本的代理变量。在农村地区，农户社会资本主要是依据人缘、亲缘和地缘关系，而维系和发展这样一个关系的主要手段则是通过"礼尚往来"，即当亲友家庭发生重大事项时，农户通过赠予礼品或礼金的方式以保持一种良好的社会关系（杨汝岱等，2011；胡金焱等，2014）。人情礼金支出越高可以近似地认为农户的社会网络规模越大。农户日常与亲朋好友之间的联络交往频率也是维系与发展社会关系的重要方式。本章因此将农户与亲友交往联络频繁程度作为宗族型社会资本的第二个代理变量，代表在过去一年中农户与亲友之间交往联络的频率。一般而言，亲友之间交往越频繁，农户家庭社会网络联系越广泛（谭燕芝、张子豪，2017）。

对农户人情礼金支出的调查问题是"您的家庭近三年年均人情礼金支出是多少？"，其选项包括"500 元及以下""500～2000 元""2000～3500元""3500～5000 元""5000 元以上"。对农户与亲友交往联络频繁程度的调查问题是"您平时是否和亲朋好友经常联系？"，其选项包括"从不来往""偶尔来往""一般""来往比较频繁""来往非常频繁"，对以上两个问题选项分别赋值 1～5 分，将样本农户在这两个问题上的答案相应分值取平均值并进行标准化处理，就得到各样本农户宗族型社会资本的得分，分数越高代表农户与亲友的交往联络越频繁。

身份型社会资本（V3）。基于第 5 章研究，由于身份型社会资本变量"农户家庭成员是否有干部"对其正规借贷可获性的影响并不显著，因此第 6 章的身份型社会资本只选择"农户是否为移民"为身份型社会资本的代理变量。

（2）社会声望（V4）。

依照第 5 章数据处理方法，仍然采取因子分析法对社会声望变量进行降维处理。通过检验后提取特征根大于 1 的公共因子，以方差贡献率比重计算权重，最终得到农户社会声望的因子得分，并将通过因子分析方法获得的 1 个主成分作为自变量，以社会声望因子命名。

（3）社会参与（V5）。

依照第 5 章数据处理方法，仍然采取因子分析法对社会参与变量进行降维处理。通过检验后提取特征根大于 1 的公共因子，以方差贡献率比重计算权重，最终得到农户社会参与的因子得分，并将通过因子分析方法获得的 1 个主成分作为自变量，以社会参与因子命名。

6.2.2.3　农户正规借贷可获性（M）

本章选取正规借贷可获性作为中介变量。在生产性投资中，农户也依赖一定数量的借贷资金，因此农户获得借款将增加农业投资。若农户获得过正规贷款，则 $M=1$；反之，$M=0$。从农户正规借贷可获性来看，获得金融机构贷款的农户有 240 户，占总样本的 58.82%，未获得金融机构贷款的农户占比为 41.18%，样本农户正规借贷可获性较低。

6.2.2.4 控制变量

除上述三个关键变量之外还控制了受访户主年龄、受教育程度、农户家庭人口、土地和收入等变量。同时，为了控制不同区域经济社会发展中的潜在因素对农户生产性投资的影响（杨芳等，2019），本章在模型中还加入了村庄区位因素的虚拟变量，村庄的基础设施情况也是影响农户生产性投资的主要因素，分别用"村庄所处区域"和"农户对村庄农业基础设施满意度"表示。本章所涉及各类变量名称、赋值及描述性统计分析如表 6 − 1 所示。

表 6 − 1　　　　　　　　　变量赋值及描述性统计

变量类型及名称			代码	变量赋值	均值	标准差	最大值	最小值
因变量	农业生产投资意愿		Y_{t1}	愿意 =1，不愿意 =0	0.70	0.46	1	0
	农业生产投资规模		Y_{t2}	1500 元及以下 =1，1500 ~ 5000 元 =2，5000 ~ 10000 元 =3，10000 ~ 15000 元 =4，15000 ~ 30000 元 =5，30000 元以上 =6	2.51	1.293	6	1
中介变量	正规借贷可获性		M	有 =1，没有 =0	0.59	0.493	1	0
关键变量	社会网络	组织型社会资本	V1	是否参与农民专业合作组织：参加 =1，未参加 =0	0.19	0.39	1	0
		宗族型社会资本	V2	根据农户与亲朋好友来往的频繁程度和农户人情礼金支出范围，对两项选择指标计算均值，再进行标准化处理	0	1	2.108	− 2.389
		身份型社会资本	V3	是否生态移民：是 =1，否 =0	0.44	0.497	1	0

续表

变量类型及名称		代码	变量赋值	均值	标准差	最大值	最小值
关键变量	社会声望	V4	因子分析所得分值	0	1	1.821	-2.872
	社会参与	V5	因子分析所得分值	0	1	2.374	-2.142
控制变量	农户年龄	X1	农户实际年龄（岁）	43.65	9.98	72	24
	农户年龄平方	Xsq	对农户年龄取平方值	2004.35	921.41	5184	576
	受教育程度	X2	不识字或识字很少＝1，小学＝2，初中＝3，高中或技校及以上＝4	2.47	1.03	4	1
	是否参加过农业技能培训	X3	参加＝1，未参加＝0	0.30	0.46	1	0
	人均耕地	X4	人均耕地面积（亩）	1.35	1.30	7.5	0
	家庭农业劳动力数量	X5	农业劳动力数量（人）	1.68	1.01	5	0
	上学人口数量	X6	家庭上学人数（人）	1.22	0.94	4	0
	家庭年总收入	X7	家庭年收入（元）取自然对数	10.36	0.61	12.21	8.29
	农户对农业基础设施的满意度	X8	很满意＝1，比较满意＝2，一般＝3，比较不满意＝4，很不满意＝5	2.46	1.03	5	1
	村庄所处区域	X9	引黄灌区＝1；中部干旱带或其他区域＝0	0.61	0.49	1	0

6.3　模型构建和数据统计描述分析

6.3.1　模型构建

6.3.1.1　社会资本对农户农业生产性投资意愿的影响

（1）模型选择。

考虑到农户农业生产投资意愿属于二元分类变量，本章首先运用二元

Logit 模型分析农户社会资本对其农业生产投资意愿 Y_{t1} 的影响。模型的基本形式为：

$$\text{Pr}\, ob\,(\,Y_{t1}=1\,)=p=\frac{e^{\alpha+\beta_i X_i}}{1+e^{\alpha+\beta_i X_i}}=\frac{1}{1+e^{-(\alpha+\beta_i X_i)}} \tag{6.1}$$

式（6.1）中，$Y_{t1}=1$ 表示农户具有农业生产投资的意愿，反之，$Y_{t1}=0$ 表示农户不具有农业生产投资的意愿，p 表示农户具有农业生产投资意愿的概率，X_i 表示可能对农户农业生产投资产生影响的变量，α 和 β_i 为待估系数。

（2）中介效应检验。

在研究自变量 X 对因变量 Y 的影响时，X 除了对 Y 产生直接影响，同时还通过变量 M 对 Y 产生间接影响，则 M 被称为中介变量，反映三者关系的模型则称为中介效应模型（温忠麟、刘红云、侯杰泰，2012），各变量关系如图 6 – 2 所示。

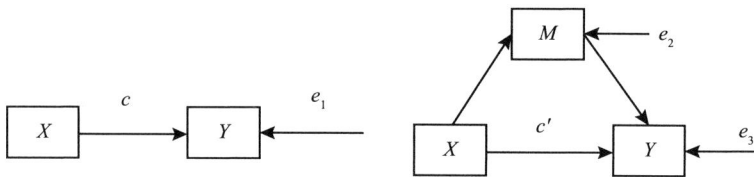

图 6 – 2　中介效应模型变量关系

首先为检验农户正规借贷可获性对其农业生产投资意愿是否存在中介效应，本章参照温忠麟（2004）的研究方法对中介效应进行检验，以揭示正规借贷可获性影响农户农业生产投资意愿的作用机理。由于中介变量正规借贷可获性（M）和因变量农户农业生产性投资意愿（Y_{t1}）均为二元分类变量，常用的 Bootstrap 方法不能有效检验二分类变量（方蕊等，2019），因此本章采用检验中介效应最常用的因果逐步回归法进行中介效应分析比较适合（Baron and Kenny，1986；温忠麟、叶宝娟，2014），但麦金农和德威尔（MacKinnon and Dwyer，1993）和赫尔（Herr，2013）提出由于不同回归方程得到的系数不可比，在计算中介效应之前应对系数进行标准化，目的就是使系数量尺与标准化预测变量的单位一致，即当因变量和中介变量均为二分类变量时，如果 Logit 模型存在异方差，通过回归得到的中介变量的系数因量化尺度发生变化而无法直接进行比较，因此需要对原方程的各系数进行标准化处理。本章采用改进的二分类变量的中介效应检验方法检验正规借贷可获性的中介效应，同时借鉴麦金农等（MacKinnon et al.，2007）的方法检验系数乘积法的稳健性。因果逐步回归法的基本原理如下：

$$Y_{t1} = cX + e_1 \tag{6.2}$$

$$M = aX + e_2 \tag{6.3}$$

$$Y_{t1} = c'X + bM + e_3 \tag{6.4}$$

式（6.2）~式（6.4）中，Y_{t1}、X、M 分别表示农户农业生产投资行为、社会资本与正规借贷可获性，其中系数 c 为自变量 X 对因变量 Y_{t1} 的总效应，c' 是控制了中介变量 M 的影响后 X 对 Y_{t1} 的直接效应，a 与 b 的乘积 ab 表示经过中介变量 M 的中介效应，e_1、e_2、e_3 分别是对应的残差项。如果 X 在式（6.2）与式（6.3）中的影响均显著，且在式（6.4）中 X 和 M 的影响也均显著，但 c' 的绝对值比 c 的绝对值小，则表示中介变量 M 具有部分中介效应，如果在式（6.4）中 M 的影响显著，而 X 的影响不显著，则说明中介变量具有完全中介效应。

基于以上中介效应原理，对本章的三个方程因变量的表达形式进行重新设定，具体形式表示如下：

$$Y'_{t1} = cX + e_1 \tag{6.5}$$

$$M' = aX + e_2 \tag{6.6}$$

$$Y''_{t1} = c'X + bM + e_3 \tag{6.7}$$

式（6.5）~式（6.7）中，M'、Y''_{t1}、Y'_{t1} 有异于 M、Y_{t1} 的量化尺度。因此为了使式（6.5）~式（6.7）中的系数具有可比性，需要对所有的待估系数进行标准化处理。首先，令式（6.5）~式（6.7）中每个系数乘以方程中自变量的标准差再除以因变量的标准差，可以得到可比较系数，具体表达式为：

$$cmpa = a \times SD(X)/SD(M') \tag{6.8}$$

$$cmpb = b \times SD(M)/SD(Y''_{t1}) \tag{6.9}$$

$$cmpc = b \times SD(X)/SD(Y'_{t1}) \tag{6.10}$$

$$cmpc' = c' \times SD(X)/SD(Y''_{t1}) \tag{6.11}$$

式（6.8）~式（6.11）中，等式左边均表示由 Logit 单位的系数转换而来的标准化系数，可以利用原始数据计算出 $SD(X)$ 和 $SD(M)$。但对于 $SD(M')$、$SD(Y')$ 和 $SD(Y'')$，可根据麦金农（MacKinnon，2008）的方法计算标准 Logistic 分布的方差，具体计算方法如下：

$$Var(Y'_{t1}) = c^2 \times Var(X) + \pi^2/3 \tag{6.12}$$

$$Var(M') = a^2 \times Var(X) + \pi^2/3 \tag{6.13}$$

$$Var(Y''_{t1}) = c^2 \times Var(X) + b^2 \times Var(M) + 2bc'Cov(X, M) + \pi^2/3 \tag{6.14}$$

根据式（6.12）~式（6.14）可以计算出 $SD(M')$、$SD(Y'_{t1})$ 和 $SD(Y''_{t1})$，即：

$$SD(M') = \sqrt{a^2 Var(X) + \pi^2/3} \tag{6.15}$$

$$SD(Y'_{t1}) = \sqrt{c^2 Var(X) + \pi^2/3} \tag{6.16}$$

$$SD(Y''_{t1}) = \sqrt{c'^2 Var(X) + b^2 Var(M) + 2bc'Cov(X, M) + \pi^2/3} \tag{6.17}$$

再将式（6.15）~式（6.17）计算的结果代入式（6.8）~式（6.11）可以计算出标准化的可比较系数，再根据可比较系数计算出可比较标准误，可比较标准误的具体表达式如下：

$$SE(cmpa) = SE(a) \times SD(X)/SD(M') \tag{6.18}$$

$$SE(cmpb) = SE(b) \times SD(M)/SD(Y''_{t1}) \tag{6.19}$$

$$SE(cmpc) = SE(c) \times SD(X)/SD(Y'_{t1}) \tag{6.20}$$

$$SE(cmpc') = SE(c') \times SD(X)/SD(Y''_{t1}) \tag{6.21}$$

进而利用系数乘积法得到中介效应大小，以及中介效应占总效应的比例等信息，即可通过将标准化的回归系数 $cmpa$ 和 $cmpb$ 相乘得到中介效应的估计值 $cmp(ab)$，将标准化回归系数的标准误代入索贝尔（Sobel，1982）的公式得到式（6.22）：

$$SE(cmpab) = \sqrt{(cmpa)^2 \times (SE(cmpb))^2 + (cmpb)^2 \times (SE(cmpa))^2} \tag{6.22}$$

最后利用 Sobel 检验可以得到中介效应是否显著的结论。检验统计量为：

$$Z = \frac{cmpa \times cmpb}{SE(cmpab)} \tag{6.23}$$

若 Z 显著则表明 M 发挥部分中介效应，中介效应占总效应的比重则为：

$$Meffect\% = \frac{(cmpa \times cmpb)}{cmpc} \tag{6.24}$$

6.3.1.2 社会资本对农户农业生产性投资规模的影响

（1）模型选择。

农户农业生产性投资规模变量 Y_{t2} 为有序变量，赋值在 $1 \sim 6$，取值越大，表明农户生产投资规模越大。刘红云等（2013）的模拟研究表明，如果因变量的类别数较多（5 类及以上）时可考虑使用线性回归，因为随着因变量的类别数增多，Logit 回归和线性回归的差别越来越小。因此，选择采用最小二乘法（OLS）进行回归分析社会资本对农户农业生产性投资规模（Y_{t2}）的影响。为研究农户社会资本及对农户生产性投资行为的影响，构建模型（6.25）：

$$Y_{t2} = a + \beta V_i + \gamma X_i + \delta Z_i + e_i \tag{6.25}$$

式（6.25）中，Y_{t2} 为因变量，表示农户的生产性投资规模；V_i 为农户的社会资本，X_i 为农户特征向量，包括户主特征、家庭特征及资源禀赋特征；Z_i 为村级特征变量，e_i 为残差项，a 为个体效应，β、γ 及 δ 为待估计系数。

（2）中介效应检验。

中介效应检验程序仍分为四步：第一步为检验回归系数 c，若 c 显著则继续进行检验，否则停止分析。第二步为检验回归系数 a 和 b，如果均显著则进行下一步检验；如果至少有一个不显著，则跳转至第四步。第三步为检验系数 c' 是否显著，若不显著则说明 M 发挥完全中介作用；若显著且 $c' < c$，则 M 发挥部分中介作用。第四步为根据第二步结果决定是否需要进行 Sobel 检验。各系数进行标准化处理转化计算仍参考式（6.2）~式（6.24），唯一不同的是此时的 Y_{t2} 和 Y_{t2}''、Y_{t2}' 无异。

6.3.2　样本数据描述性统计分析

样本农户的基本信息由表 6 - 2 可知。从样本农户个人特征来看，样本农户年龄主要集中于 31 ~ 50 岁，占比达 66.92%；样本农户中只有 50.00% 的农户具有初中及以上的文化程度，整体文化程度较低。从农户家庭人口及经济特征来看，样本农户家庭中农业劳动力和上学人口在 1 ~ 2 人的占比分别为 87.75%、66.41%；家庭年收入水平在 10000 ~ 50000 元的农户占全部样本的 78.67%；样本农户家庭人均耕地面积主要集中在 0.6 ~ 2 亩，占全部样本的 42.16%，人均 0.6 亩及以下农户占比 36.27%，人均 2 亩以上的农户占比为 21.57%。最后，从农户对农业基础设施的满意度来看，样本农户中有 40.20% 的农户认为当地农业基础设施一般，而且 12.75% 的农户表示不满意。从农户所处区域来看，引黄灌区的样本农户占比为 61.27%，中部干旱带的样本农户占比为 38.73%。

表 6 - 2　　　　　　　　　　　　　样本农户基本特征

农户基本特征		户数（户）	占总样本比重（%）
农户年龄	30 岁及以下	38	9.31
	31~40 岁	130	31.86
	41~50 岁	143	35.06
	51~60 岁	67	16.42
	60 岁以上	30	7.35
文化程度	不识字或识字很少	89	21.81
	小学	115	28.19
	初中	129	31.62
	高中或技校及以上	75	18.38
是否参加过农业技能培训	参加	124	30.39
	未参加	284	69.61
人均耕地	0.6 亩及以内	148	36.27
	0.6~2 亩	172	42.16
	2 亩以上	88	21.57
家庭农业劳动力数量	1 人及以内	142	34.81
	2 人	216	52.94
	2 人以上	50	12.25
上学人口数量	没有	102	25.00
	1~2 人	271	66.41
	3 人及以上	35	8.59
家庭年总收入	10000 元及以下	17	4.17
	10000~30000 元	181	44.36
	30000~50000 元	140	34.31
	50000 元以上	70	17.16
农户对农业基础设施的满意度	很满意	91	22.30
	比较满意	101	24.75
	一般	164	40.20
	比较不满意	41	10.05
	很不满意	11	2.70

农户基本特征		户数（户）	占总样本比重（%）
农户所处村庄区域类型	引黄灌区	250	61.27
	中部干旱带或南部山区	158	38.73

资料来源：根据 2017 年农户调查问卷整理所得。

6.4　实证结果分析

6.4.1　农户农业生产性投资行为的影响因素分析

本章运用 SPSS23.0 软件，分别采用二元 Logit 模型和 OLS 线性回归模型分析了社会资本对农户农业生产投资行为的影响，回归结果如表 6 - 3 所示：模型（1）~模型（3）汇报了社会网络变量对农户农业生产性投资意愿的回归结果，模型（4）和模型（5）汇报了社会声望和社会参与对农户农业生产性投资的回归结果。

6.4.1.1　社会资本对农户农业生产投资行为的影响

（1）社会网络。

组织型社会资本。由表 6 - 3 可知，农户是否参与农民专业合作组织变量在 1% 的水平上对农业生产性投资意愿和投资规模均有显著的正向影响作用，表明参与过农民专业合作组织的农户更愿意从事农业生产，越倾向于农业生产性投资，且往往农业生产性投资规模也越大，参与农民专业合作组织能显著提高农户农业生产性投资的积极性。农民专业合作社作为具有特殊制度设置与机制安排的经济性组织，农户参与合作社能够使其获得一定的农业信息资源（崔宝玉，2015），有助于社员农户通过协调、合作以实现共同组织利益并获得一种联合行动的能力（Putnam，1993）。因此，为农户生产性投资行为选择提供了沟通讨论、合作共赢的平台，从而提高了农户农业生产性投资的积极性。

宗族型社会资本。宗族型社会资本对农户农业生产性投资意愿和投资规模在 1% 的水平上均有显著的正向影响作用，即宗族型社会资本能够促进农户生产性投资意愿和规模，表明加强农户宗族型社会资本建设能够促进农户农业生产性投资。宗族型社会资本是农户获取技术、生产以及融资信息的主要渠道，具有密集度高和传播路径短的特征，通过亲戚朋友之间的交流频率、来往深度提高信息效率，乃至于建立信任机制，进而提升了农户融资和信息能力，降低交易费用，从而促进农户农业生产性投资。

身份型社会资本。基于实证结果表 6-3 发现农户是否移民的身份型社会资本变量对其农业生产性投资意愿在 1% 的水平上有显著的正向影响作用，即生态移民相对于非移民而言更愿意进行农业生产性投资。本次调研的样本农户均是按照宁夏"十二五"期间中南部山区移民搬迁规划迁移到宁夏中部和北部的贫困农户，短期内由于移民农户无法改变以往的生产生活习惯，再加之南部山区农户本身对土地的依赖性较强，搬迁至移民安置区后其从事农业生产的意愿相较于当地非移民更强烈。但农户是否移民变量对其生产性投资规模的影响并不显著，根据中介效应检验程序则停止后续分析。

（2）社会声望。

社会声望对农户农业生产性投资意愿在 1% 的水平上有显著的正向影响作用，社会声望对农户生产性投资规模的影响为正，但并不显著。实证结果表明农户家庭社会声望越高反而会削弱农户生产性投资意愿，与其他维度社会资本的影响作用方向不同。因为社会声望高低程度显示了农户及家庭在宗族、村民中的地位，也代表了家庭或自身的资源特征。声望越高的农户，其家庭经济状况越好，反而使其农业生产投资意愿在降低。根据中介效应检验程序，因为社会声望变量对农户生产投资规模的影响并不显著，则停止后续分析。

（3）社会参与。

社会参与对农户农业生产性投资意愿的影响为负，对农户生产性投资规模的影响为正，但均不显著。实证结果表明农户社会参与程度越广泛，代表了农户获取信息的渠道越多，对农业生产性投资意愿会增强，但会影响其投资规模减少，农户可能更加关注非生产性投资或对农业的重视程度有所降低。根据中介效应检验程序，因为社会参与变量在此过程中的检验回归系数均不显著则停止后续中介分析。

表 6 - 3　社会资本对农户农业生产性投资行为影响的实证结果

变量	农户农业生产性投资意愿（Logit）					农户农业生产性投资规模（OLS）				
	(1)	(2)	(3)	(4)	(5)	(6)	(7)	(8)	(9)	(10)
组织型社会资本（V1）	1.948*** (0.466)					0.552*** (0.167)				
宗族型社会资本（V2）		0.789*** (0.141)					0.381*** (0.063)			
身份型社会资本（V3）			0.770*** (0.284)					0.136 (0.148)		
社会声望（V4）				0.411*** (0.118)					0.037 (0.064)	
社会参与（V5）					-0.152 (0.118)					0.027 (0.065)
农户年龄（X1）	-0.178* (0.095)	-0.146 (0.098)	-0.146 (0.092)	-0.189** (0.093)	-0.173* (0.092)	-0.062 (0.045)	-0.042 (0.044)	-0.061 (0.046)	-0.066 (0.046)	-0.064 (0.046)
农户年龄平方（Xsq）	0.002* (0.001)	0.002 (0.001)	0.002* (0.001)	0.002** (0.001)	0.002* (0.001)	0.001 (0.0005)	0.0005 (0.0005)	0.001 (0.001)	0.001 (0.001)	0.001 (0.001)
受教育程度（X2）	-0.303** (0.124)	-0.257** (0.125)	-0.189 (0.122)	-0.241** (0.120)	-0.230* (0.119)	-0.10 (0.063)	-0.004 (0.061)	0.009 (0.065)	-0.002 (0.064)	-0.006 (0.064)
是否参加过农业技能培训（X3）	1.000*** (0.287)	1.071*** (0.294)	1.060*** (0.280)	1.068*** (0.285)	1.033*** (0.280)	0.282** (0.138)	0.268** (0.133)	0.318** (0.139)	0.313** (0.139)	0.318** (0.139)

续表

变量	农户农业生产性投资意愿（Logit）					农户农业生产性投资规模（OLS）				
	(1)	(2)	(3)	(4)	(5)	(6)	(7)	(8)	(9)	(10)
人均耕地（X4）	0.277*** (0.103)	0.248** (0.101)	0.371*** (0.119)	0.213** (0.101)	0.230** (0.100)	0.015 (0.049)	0.005 (0.048)	0.018 (0.054)	-0.005 (0.050)	-0.003 (0.050)
家庭农业劳动力数量（X5）	0.324*** (0.124)	0.274** (0.129)	0.278** (0.122)	0.309** (0.126)	0.309** (0.122)	0.167** (0.064)	0.140** (0.062)	0.158** (0.065)	0.163** (0.065)	0.163** (0.065)
上学人口数量（X6）	0.129 (0.135)	0.125 (0.141)	0.185 (0.135)	0.135 (0.135)	0.159 (0.133)	0.036 (0.069)	0.022 (0.067)	0.043 (0.070)	0.035 (0.070)	0.035 (0.070)
家庭年总收入（X7）	-0.044 (0.200)	-0.034 (0.203)	-0.007 (0.191)	0.064 (0.193)	0.031 (0.191)	-0.036 (0.103)	-0.043 (0.010)	-0.033 (0.104)	-0.026 (0.104)	-0.031 (0.104)
农户对农业基础设施满意度（X8）	-0.268** (0.123)	-0.500*** (0.127)	-0.374*** (0.118)	-0.376*** (0.119)	-0.377*** (0.118)	0.027 (0.063)	-0.053 (0.060)	-0.016 (0.063)	-0.017 (0.063)	-0.023 (0.063)
农户所处区域（X9）	-0.738*** (0.263)	-0.971*** (0.274)	-0.592** (0.260)	-0.767*** (0.264)	-0.642** (0.257)	0.260* (0.133)	0.129 (0.131)	0.284** (0.135)	0.269* (0.135)	0.274** (0.135)
常数项	5.453* (3.130)	5.780* (3.142)	3.971 (3.016)	5.129* (2.981)	4.947* (2.971)	3.390** (1.542)	3.530** (1.493)	3.420** (1.576)	3.622** (1.561)	3.659** (1.563)
Prob > chi2	0.000	0.000	0.000	0.000	0.000	0.002	0.000	0.060	0.070	0.051
样本量	408	408	408	408	408	408	408	408	408	408

注：*、**、***分别表示在10%、5%、1%水平上显著，括号内为标准误。

6.4.1.2　农户个体特征对农户农业生产投资行为的影响

由表 6 - 3 中的模型（1）、模型（4）、模型（5）可知，农户年龄对其农业生产性投资意愿在 10% 的显著性水平上具有负向影响作用，农户年龄平方与其农业生产性投资意愿在 10% 的显著性水平上具有正向影响作用，证实了农户年龄与其农业生产性投资行为存在"U"型关系。说明年龄较大的农户比青壮年农户更愿意进行农业生产性投资，年龄较大的农户一般由于缺乏非农就业技能，外出务工的概率逐渐下降，更愿意通过农业生产经营以获得基本生活保障。

由模型（1）、模型（2）、模型（4）、模型（5）可知，农户受教育程度对其农业生产性投资意愿在 5% 的显著性水平上具有负向影响作用，这表明农户文化水平越高则越有利于增加农户的非农就业机会，越不愿意进行农业生产投资，对农业生产的依赖性越低，可能更倾向于进行非农生产经营。

由模型（1）~ 模型（10）可知，农户是否参加过农业技能培训变量对其农业生产性投资意愿和规模均有显著正向影响。近年来，宁夏通过在农村地区持续进行农业科技推广、新型职业农民培训以及相关政策的宣传，样本农户中有近 70% 的农户参与了此类培训，参与培训的农户则对农业生产技术的信息获取速度与愿意采纳的程度较高，农户对生产性投资的积极性也会提高。

6.4.1.3　农户家庭特征对农户农业生产投资行为的影响

由模型（1）~ 模型（5）可知，农户家庭资源禀赋中人均耕地面积对其农业生产性投资意愿分别在 1% 和 5% 的显著性水平上具有正向影响作用，即人均耕地面积对农户农业生产的积极性有显著促进作用，人均耕地面积越大则利于农户对农业基础设施和农用机械进行投资，农业生产性投资的积极性也越容易被激发。

同时由模型（1）~ 模型（10）可知，家庭中农业劳动力数量对农户农业生产性投资意愿和规模都有显著的正向影响作用，表明家庭中农业劳动力越多，农户对农业收入的依赖程度提高，农户可能对农业生产经营更加重视，对农业生产性投资规模越大。

6.4.1.4　村级特征对农户农业生产投资行为的影响

由模型（1）~ 模型（10）可知，农户对农业基础设施满意度变量对其参与农业生产投资意愿均在显著性水平上具有负向影响作用，即农户对居住地农业基础设施的满意度越高，则参与农业生产投资的意愿越强烈。这表明在其他条件不变的情况下，农户居住地农业基础设施越完善，农户参与农业生产的机会越多。农业基础设施的建设问题一直是制约现代农业发展的瓶颈，基础设施越好的地方，越容易促使农户进行农业生产投资和规模化经营。同时，由模型（1）~模型（5）可知，农户所处区域类别对其农业生产性投资意愿具有显著的负向影响作用，而模型（6）、模型（8）、模型（9）、模型（10）显示，农户所处区域类别对其农业生产性投资规模具有显著的正向影响作用，表明宁夏中部干旱带农户相比于引黄灌区农户的农业生产性投资意愿更强烈；但是从投资规模来看，引黄灌区农户高于中部干旱带和南部山区农户，相对而言，引黄灌区平原、中部干旱带对农业机械化约束依次递增。南部山区和中部干旱带山地较多，土地细碎化、集中连片程度较低，灌区耕地平坦程度高则更利于实现农业机械化（胡雯，2017）。农业投资需要一个良好的环境条件，投资环境的优势一方面可以增加农业投资量，但另一方面则可能使农业投资支持主体的非农化倾向加剧，而且会弱化甚至抵消农业投资所取得的效果（李锐，1996）。

6.4.2　社会资本对农户正规借贷可获性的影响要素分析

表6-4是社会资本对农户正规借贷可获性中介变量影响的二元Logistic估计模型。组织型社会资本对农户正规借贷可获性的系数估计均显著为正，说明农户加入合作社可以建立新的社会网络关系，获得组织型社会资本，提升了社会资本积累，有效缓解了正规借贷约束（周月书等，2019）。宗族型社会资本对农户正规借贷可获性的系数估计也显著为正，说明丰富的社会资本可以显著地提升农户正规借贷可获性。而身份型社会资本和社会声望变量对农户正规借贷可获性的影响显著为负，则表明移民相比于非移民而言获得正规借贷的可能性更低，农户声望越高获得正规借贷的可能性越大。同时，通过和第5章实证结果进行比较分析发现，社会资本对农户正规信贷可获性的影响方向和显著性基本一致，中介效应检验步骤中因社会参与变量在第一步检验回归系数均不显著而停止后续中介分析，即未放入表6-4进行模型回归分析。

表 6 – 4　　　　　社会资本对农户正规借贷可获性影响的实证结果

变量		正规借贷可获性							
		(11)		(12)		(13)		(14)	
		系数	标准误	系数	标准误	系数	标准误	系数	标准误
组织型社会资本（$V1$）		1.095 ***	0.313						
宗族型社会资本（$V2$）				0.284 **	0.113				
身份型社会资本（$V3$）						− 0.726 ***	0.245		
社会声望（$V4$）								− 0.212 *	0.110
控制变量	农户个人特征	已控制	已控制	已控制	已控制	已控制	已控制	已控制	已控制
	农户家庭特征	已控制	已控制	已控制	已控制	已控制	已控制	已控制	已控制
	村级特征	已控制	已控制	已控制	已控制	已控制	已控制	已控制	已控制
常数项		− 6.286 **	2.658	− 5.695 **	2.598			− 5.495 **	2.588
$Pseudo\ R^2$		0.154		0.133		0.140		0.125	
$LR\ chi2$		49.475		42.526		44.916		39.861	
− 2 对数似然值		504.064		511.013		508.622		513.678	
$Prob > chi2$		0.000		0.000		0.000		0.000	
样本量		408		408		408		408	

注：* 、** 、*** 分别表示在 10% 、5% 、1% 水平上显著。

6.4.3　正规借贷可获性的中介效应检验分析

参照温忠麟等（2004）的研究方法对中介效应进行检验，即步骤 1 中就社会资本对农户农业生产性投资意愿和规模的影响分别进行回归，若回归系数未通过显著性检验，停止中介效应分析。若社会资本的系数通过显著性检验，步骤 2 就社会资本对农户正规借贷可获性进行回归，步骤 3 中同时加入社会资本和正规借贷可获性对农户农业生产性投资行为进行回归。若步骤 2 社会资本和步骤 3 中正规借贷可获性的回归系数均通过显著性检验，则存在显著的中介效应，反之需要进行 Sobel 检验。结果发现通过步骤 1 就社会参与对农业生产性投资意愿和规模的影响进行回归，其回归系数均未通过显著性检验，即停止中介效应检验步骤 2 和步骤 3；社会声望和是否移民变量对农户农业生产性投资规模的影响进行回归，其回归系数也未通过显著性检验，即停止中介效应检验步骤 2 和步骤 3，其他回归系数均通过显著性检验。表 6 - 5 报告了加入中介变量（M）后的模型（15）~模型（20）的估计结果。

表 6 - 5　　　　　　　　　正规借贷可获性的中介效应检验

变量	农户农业生产性投资意愿			农户农业生产性投资规模		
	(15)	(16)	(17)	(18)	(19)	(20)
组织型社会资本（V1）	1.841 *** (0.470)				0.494 *** (0.169)	
宗族型社会资本（V2）		0.765 *** (0.142)				0.367 *** (0.063)
身份型社会资本（V3）			0.895 *** (0.292)			
社会声望（V4）				0.454 *** (0.121)		
正规借贷可获性（M）	0.434 * (0.260)	0.480 * (0.265)	0.752 *** (0.258)	0.752 *** (0.258)	0.258 * (0.134)	0.233 * (0.129)
农户年龄（X1）	- 0.195 ** (0.097)	- 0.167 * (0.101)	- 0.167 * (0.095)	- 0.220 ** (0.097)	- 0.067 (0.045)	- 0.047 (0.044)
农户年龄平方（Xsq）	0.002 ** (0.001)	0.002 (0.001)	0.002 * (0.001)	0.002 ** (0.001)	0.001 (0.0005)	0.001 (0.0005)
受教育程度（X2）	- 0.339 *** (0.128)	- 0.301 ** (0.129)	- 0.237 * (0.127)	- 0.301 ** (0.124)	- 0.027 (0.064)	- 0.020 (0.062)
是否参加过农业技能培训（X3）	1.022 *** (0.289)	1.097 *** (0.296)	1.118 *** (0.286)	1.106 *** (0.289)	0.289 ** (0.137)	0.273 ** (0.133)
人均耕地（X4）	0.246 ** (0.105)	0.218 ** (0.103)	0.345 *** (0.120)	0.165 (0.103)	- 0.001 (0.050)	- 0.008 (0.048)

变量	农户农业生产性投资意愿			农户农业生产性投资规模		
	（15）	（16）	（17）	（18）	（19）	（20）
家庭农业劳动力数量（$X5$）	0.344 *** （0.125）	0.296 ** （0.130）	0.314 ** （0.124）	0.349 *** （0.127）	0.181 *** （0.064）	0.154 ** （0.063）
上学人口数量（$X6$）	0.134 （0.136）	0.132 （0.141）	0.201 （0.136）	0.142 （0.137）	0.038 （0.069）	0.024 （0.067）
家庭年总收入（$X7$）	-0.080 （0.203）	-0.068 （0.206）	-0.076 （0.198）	-0.004 （0.199）	-0.057 （0.103）	-0.063 （0.100）
农户对农业基础设施满意度（$X8$）	-0.260 ** （0.124）	-0.480 *** （0.128）	-0.345 *** （0.121）	-0.354 *** （0.122）	0.034 （0.063）	-0.041 （0.060）
农户所处区域（$X9$）	-0.714 *** （0.264）	-0.941 *** （0.276）	-0.557 ** （0.263）	-0.751 *** （0.267）	0.270 ** （0.132）	0.143 （0.131）
常数项	6.026 * （3.173）	6.349 ** （3.182）	4.615 （3.095）	6.160 ** （3.082）	3.604 ** （1.541）	3.705 ** （1.492）
$Prob > chi2$	0.000	0.000	0.000	0.000	0.001	0.000
样本量	408	408	408	408	408	408

注：*、**、*** 分别表示在 10%、5%、1% 水平上显著，括号内为标准误。

6.4.3.1　正规借贷可获性在组织型社会资本影响农户农业生产性投资意愿的中介效应检验

模型（1）的回归结果显示，组织型社会资本在 1% 的显著性水平上正向影响农户农业生产性投资意愿，且回归系数 $c = 1.948$；由模型（11）可知，组织型社会资本在 1% 的显著性水平上正向影响农户正规借贷可获性，且 $a = 1.095$；并且由模型（15）可知，引入正规借贷可获性中介变量后，组织型社会资本和正规借贷可获性分别在 1% 和 10% 的显著性水平上正向影响农户农业生产性投资意愿，$b = 0.434$，$c' = 1.841$。说明正规借贷可获性在组织型社会资本影响农户农业生产性投资意愿方面具有显著中介效应。结合数据及表 6-3、表 6-4 和表 6-5 中模型的回归结果，根据式（6.8）～式（6.17）计算出标准化的可比较系数见表 6-6，最后得出中介效应占总效应的比重为24.36%。

表6-6　　　　　　　　　中介效应检验的比较系数（*a*）

变量	正规借贷可获性		生产性投资意愿		生产性投资意愿	
	原始系数（*a*）	比较系数（*cmpa*）	原始系数（*c*）	比较系数（*cmpc*）	原始系数（*b*, *c'*）	比较系数（*cmpb*, *cmpc'*）
正规借贷可获性	—	—			0.434 *(0.260)	0.416 *(0.065)
组织型社会资本	1.095 ***(0.313)	0.226 ***(0.065)	1.948 ***(0.466)	0.386 ***(0.092)	1.841 ***(0.470)	0.364 ***(0.093)

注：*、**、***分别表示在10%、5%、1%水平上显著，括号内为标准误。

6.4.3.2　正规借贷可获性在宗族型社会资本影响农户农业生产性投资意愿的中介效应检验

模型（2）的回归结果显示，宗族型社会资本在1%的显著性水平上正向影响农户农业生产性投资意愿，且回归系数 $c=0.789$；由模型（12）可知，宗族型社会资本在5%的显著性水平上正向影响农户正规借贷可获性，且 $a=0.284$；并且由模型（16）可知，引入正规借贷可获性中介变量后，宗族型社会资本和正规借贷可获性分别在1%和10%的显著性水平上正向影响农户农业生产性投资意愿，$b=0.480$，$c'=0.765$。说明正规借贷可获性在宗族型社会资本影响农户农业生产性投资意愿方面具有显著中介效应。结合数据及表6-3、表6-4和表6-5中模型的回归结果，根据式（6.8）~式（6.17）计算出标准化的可比较系数见表6-7，最后得出中介效应占总效应的比重为4.62%。

表6-7　　　　　　　　　中介效应检验的比较系数（*b*）

变量	正规借贷可获性		生产性投资意愿		生产性投资意愿	
	原始系数（*a*）	比较系数（*cmpa*）	原始系数（*c*）	比较系数（*cmpc*）	原始系数（*b*, *c'*）	比较系数（*cmpb*, *cmpc'*）
正规借贷可获性	—	—			0.480 *(0.265)	0.119 *(0.066)

续表

变量	正规借贷可获性		生产性投资意愿		生产性投资意愿	
	原始系数 (a)	比较系数 ($cmpa$)	原始系数 (c)	比较系数 ($cmpc$)	原始系数 (b, c')	比较系数 ($cmpb$, $cmpc'$)
宗族型社会 资本	0.284 ** (0.113)	0.155 ** (0.062)	0.789 *** (0.141)	0.399 *** (0.071)	0.765 *** (0.142)	0.384 *** (0.071)

注：*、**、*** 分别表示在10%、5%、1%水平上显著，括号内为标准误。

6.4.3.3　正规借贷可获性在身份型社会资本影响农户农业生产性投资意愿的中介效应检验

模型（3）的回归结果显示，身份型社会资本在1%的显著性水平上正向影响农户农业生产性投资意愿，且回归系数 $c = 0.770$；由模型（13）可知，身份型社会资本在1%的显著性水平上负向影响农户正规借贷可获性，且 $a = -0.726$；并且由模型（17）可知，引入正规借贷可获性中介变量后，身份型社会资本和正规借贷可获性均在1%的显著性水平上正向影响农户农业生产性投资意愿，$b = 0.752$，$c' = 0.895$。说明正规借贷可获性在农户是否移民身份影响农户农业生产性投资意愿方面具有显著中介效应。结合数据及表6–3、表6–4和表6–5中模型的回归结果，根据式（6.8）～式（6.17）计算出标准化的可比较系数见表6–8，最后得出中介效应占总效应的比重为 –18.65%，可见当前因正规借贷可获性反而削弱了生态移民在农业生产投资方面的意愿。

表6–8　　　　　中介效应检验的比较系数（c）

变量	正规借贷可获性		生产性投资意愿		生产性投资意愿	
	原始系数 (a)	比较系数 ($cmpa$)	原始系数 (c)	比较系数 ($cmpc$)	原始系数 (b, c')	比较系数 ($cmpb$, $cmpc'$)
正规借贷 可获性	—	—			0.752 *** (0.258)	0.197 *** (0.067)
身份型社会 资本	–0.726 *** (0.245)	–0.195 *** (0.066)	0.770 *** (0.284)	0.206 *** (0.076)	0.895 *** (0.292)	0.236 *** (0.077)

注：*、**、*** 分别表示在10%、5%、1%水平上显著，括号内为标准误。

6.4.3.4 正规借贷可获性在社会声望影响农户农业生产性投资意愿的中介效应检验

模型（4）的回归结果显示，社会声望在1%的显著性水平上正向影响农户农业生产性投资意愿，且回归系数 $c = 0.411$；由模型（14）可知，社会声望在10%的显著性水平上负向影响农户正规借贷可获性，且 $a = -0.212$；并且由模型（18）可知，引入正规借贷可获性中介变量后，社会声望和正规借贷可获性均在1%的统计水平上显著正向影响农户农业生产性投资意愿，$b = 0.752$，$c' = 0.454$。说明正规借贷可获性在农户社会声望影响其农业生产性投资意愿方面具有显著中介效应。结合数据及表6-3、表6-4和表6-5中模型的回归结果，根据式（6.8）~式（6.17）计算出标准化的可比较系数见表6-9，最后得出中介效应占总效应的比重为 -8.62%，说明正规借贷可获性增强了社会声望对农户生产性投资意愿的影响作用。

表6-9　　　　　　　　　中介效应检验的比较系数 (d)

变量	正规借贷可获性		生产性投资意愿		生产性投资意愿	
	原始系数 (a)	比较系数 $(cmpa)$	原始系数 (c)	比较系数 $(cmpc)$	原始系数 (b, c')	比较系数 $(cmpb, cmpc')$
正规借贷可获性	—	—			0.752 *** (0.258)	0.164 *** (0.056)
社会声望	-0.212 * (0.110)	-0.116 * (0.060)	0.411 *** (0.118)	0.221 *** (0.063)	0.454 *** (0.121)	0.201 *** (0.054)

注：*、**、*** 分别表示在10%、5%、1%水平上显著，括号内为标准误。

6.4.3.5 正规借贷可获性在组织型社会资本影响农户农业生产性投资规模的中介效应检验

模型（6）的回归结果显示，组织型社会资本在1%的显著性水平上正向影响农户农业生产性投资规模，且回归系数 $c = 0.552$；由模型（11）可知，组织型社会资本在1%的显著性水平上正向影响农户正规借贷可获性，且 $a = 1.095$；并且由模型（19）可知，引入正规借贷可获性中介变量后，组织型社会资本和正规借贷可获性分别在1%和10%的显著性水平上正向影响农户农业生产性投资规模，$b = 0.258$，$c' = 0.494$。说明正规借贷可获性在组织型社会资本影响农户农业生产性投资规模方面具有显著中介效应。结合数据及表6–3、表6–4和表6–5中模型的回归结果，根据式（6.8）~式（6.17）计算出标准化的可比较系数见表6–10，最后得出中介效应占总效应的比重为13.52%。

表6–10 中介效应检验的比较系数（e）

变量	正规借贷可获性		生产性投资规模		生产性投资规模	
	原始系数	比较系数	原始系数	比较系数	原始系数	比较系数
正规借贷可获性	—	—			0.258 * (0.134)	0.098 * (0.051)
组织型社会资本	1.095 *** (0.313)	0.229 *** (0.065)	0.552 *** (0.167)	0.166 *** (0.050)	0.494 *** (0.169)	0.149 *** (0.051)

注：*、**、*** 分别表示在10%、5%、1%水平上显著，括号内为标准误。

6.4.3.6 正规借贷可获性在宗族型社会资本影响农户农业生产性投资规模的中介效应检验

模型（7）的回归结果显示，宗族型社会资本在1%的显著性水平上正向影响农户农业生产性投资规模，且回归系数$c = 0.381$；由模型（12）可知，宗族型社会资本在5%的显著性水平上正向影响农户正规借贷可获性，且$a = 0.284$；并且由模型（20）可知，引入正规借贷可获性中介变量后，宗族型社会资本和正规借贷可获性分别在1%和10%的统计水平上显著正向影响农户农业生产性投资规模，$b = 0.233$，$c' = 0.367$。说明正规借贷可获性在宗族型社会资本影响农户农业生产性投资规模方面具有显著中介效应。结合数据及表6–3、表6–4和表6–5中模型的回归结果，根据式（6.8）~式（6.17）计算出标准化的可比较系数见表6–11，最后得出中介效应占总效应的比重为13.82%。

综上所述，假说H6提出的社会资本通过农户正规借贷可获性间接影响其农业生产性投资的假说，在中介效应检验中得到了验证，证明正规借贷可获性确实作为中介变量影响了社会资本对农户农业生产性投资的作用。

表 6 – 11   中介效应检验的比较系数（f）

变量	正规借贷可获性		生产性投资规模		生产性投资规模	
	原始系数	比较系数	原始系数	比较系数	原始系数	比较系数
正规借贷可获性	—	—			0.233 * (0.129)	0.089 * (0.049)
宗族型社会资本	0.284 ** (0.113)	0.458 ** (0.062)	0.381 *** (0.063)	0.295 *** (0.049)	0.367 *** (0.063)	0.284 *** (0.049)

注：* 、** 、*** 分别表示在10%、5%、1%水平上显著，括号内为标准误。

6.4.4 正规借贷可获性对农户农业生产性投资行为的净影响

正规借贷可获性不仅在社会资本对农户农业生产投资行为影响路径中充当了重要的中介变量，其本身也会影响农户的农业生产性投资行为。控制社会资本的效用后，就正规借贷可获性对农户农业生产性投资行为的影响进行重新回归，得到正规借贷可获性对农户农业生产性投资行为的净影响，结果见表 6 – 12。可以看出正规借贷可获性对农户农业生产性投资意愿和农业生产性投资规模的净影响均在 5% 的水平上通过了显著性检验，即当农户获得正规借贷，其农业生产性投资意愿会加强，投资规模会增大。

表 6 – 12   正规借贷可获性对农户农业生产性投资行为的净影响

变量	农户农业生产性投资意愿 （17）		农户农业生产性投资规模 （18）	
	系数	标准误	系数	标准误
正规借贷可获性（M）	0.633 **	0.251	0.328 **	0.134
农户年龄（$X1$）	− 0.196 **	0.095	− 0.071	0.046
农户年龄平方（Xsq）	0.002 **	0.001	0.001	0.0005
受教育程度（$X2$）	− 0.300 ***	0.122	− 0.025	0.064
是否参加过农业技能培训（$X3$）	1.082 ***	0.283	0.319 **	0.138
人均耕地（$X4$）	0.191 *	0.101	− 0.021	0.050
家庭农业劳动力数量（$X5$）	0.331 ***	0.123	0.182 ***	0.065
上学人口数量（$X6$）	0.133	0.131	0.039	0.070

续表

变量	农户农业生产性投资意愿 (17)		农户农业生产性投资规模 (18)	
	系数	标准误	系数	标准误
家庭年总收入（X7）	− 0.045	0.195	− 0.058	0.104
农户对农业基础设施满意度（X8）	− 0.378 ***	0.119	− 0.004	0.062
农户所处区域（X9）	− 0.631 **	0.259	0.288 **	0.134
常数项	6.063 **	3.034	3.866 **	1.553
样本量	408		408	
Prob > chi2	0.000		0.012	

注：＊、＊＊、＊＊＊分别表示在 10%、5%、1% 水平上显著。

6.5　本 章 小 结

本章构建了"社会资本—正规借贷可获性—农户农业生产性投资"的理论分析框架，对社会资本如何影响农户农业生产性投资以及正规借贷可获性的中介作用进行理论和实证分析。通过社会资本对农户生产性投资的机理分析提出研究假设，并利用样本数据中具有正规借贷需求的 408 户农户对提出的研究假设进行验证，并将得到的研究结论作为后文政策体系构建的客观依据。通过文献梳理不难发现，现有研究多从两两关系出发，而较少将三者联结，更鲜有学者以农户的正规借贷可获性为中介，探究社会资本影响农户农业生产性投资的路径。利用宁夏回族自治区农户调研数据，分别采用二元 Logit 模型和 OLS 线性回归模型分析了社会资本对农户农业生产性投资意愿和投资规模的影响。同时，采用中介效应模型对正规借贷可获性在社会资本影响农户农业生产性投资中的中介作用进行了实证分析，得到如下结论。

农户社会资本的积累有利于其提高农业生产性投资意愿和规模，改变农业经营方式，促进农业生产投资效率。加入控制变量后，农户年龄与其农业生产性投资行为存在"U"型关系；农户受教育程度对其农业生产性投资意愿具有负向影响作用，农户文化水平越高越不愿意进行农业生产投资，对农业生产的依赖性越低。

除此以外，农户参加农业技能培训和家庭农业劳动力数量对农户农业生产性投资意愿和规模具有显著正向影响作用。同时发现人均耕地面积和农户对农业基础设施的满意度对农户农业生产性投资意愿具有正向影响作用。从农户所处区域类别来看，宁夏中部干旱带和南部山区农户相比于引黄灌区，农户农业生产性投资意愿和投资规模存在显著差异。南部山区和中部干旱带山地较多，土地细碎化，集中连片程度较低，灌区耕地平坦程度高则更利于实现农业机械化。

通过中介效应检验可以看出，正规借贷可获性在组织型社会资本和宗族型社会资本影响农户农业生产性投资意愿和规模方面均具有显著中介效应，正规借贷可获性在农户是否移民和农户社会声望影响农户农业生产投资意愿方面均具有显著的中介效应，即社会资本通过农户正规借贷可获性间接影响其农业生产性投资行为的假说在中介效应检验中得到了验证，证明正规借贷可获性确实作为中介变量影响了社会资本对农户农业生产性投资的作用。而且正规借贷可获性其本身也会影响农户的农业生产性投资行为。控制社会资本的效用后，就正规借贷可获性对农户农业生产性投资行为的影响进行重新回归，得到正规借贷可获性对农户农业生产性投资行为的净影响，即发现当农户获得正规借贷，其农业生产性投资意愿会加强，投资规模会增大。

第 7 章

研究结论和政策建议

7.1 研究结论

本书考虑到农户正规贷款需求和正规金融机构放贷决策的相互作用，运用宁夏生态移民迁入区 554 户农户中低收入群体的调研数据，通过需求可识别的双变量 Probit 模型从供给与需求两方面分析农户正规借贷行为的特征及其影响因素，并通过构建"社会资本—正规借贷可获性—农户农业生产性投资"的理论分析框架，对社会资本如何影响农户农业生产性投资以及正规借贷可获性的中介作用进行理论和实证分析。利用宁夏回族自治区农户调研数据，分别采用二元 Logit 模型和 OLS 线性回归模型分析了社会资本对农户农业生产性投资意愿和投资规模的影响。同时，采用中介效应模型对正规借贷可获性在社会资本影响农户农业生产性投资中的中介作用进行了实证分析。基于本书的相关分析主要得出以下几点结论。

第一，农户正规借贷可获性取决于需求和供给两方面因素。从需求角度来看，生产性支出占农户家庭年总支出的比例越高，农户家庭中上学人口越多则对正规借贷需求表现得越强烈。从供给角度来看，正规借贷供给倾向于非农经营性收入和生产性支出占比越高的农户，说明农村正规金融机构进行贷款决策时更看重的是农户的非农经营收入和生产性投资支出。另外，农户对正规金融机构的服务评价满意度越高，农户对正规借贷的需求也越高，而且更容易获得正规金融机构的贷款。

第二，农户社会资本是影响农村正规金融机构进行贷款决策的重要因素。农户参加农民专业合作社不但增强了自身的生产能力和经济实力，而且在一定程度上为农户提供了一种隐性担保，金融机构可以通过合作社更多了解农户，降低信息不对称性，从而提高农户获得正规金融机构贷款的可能性。贫困地区农户大多缺乏可以抵押的财产，农户家族是本村大户姓氏，意味着这类农户相对广泛的社会网络有助于农户间的联合并弥补其缺乏抵押品的不足。积极参与村集体活动和在村中有较高声望地位的农户在争取正规金融机构贷款时体现出明显的比较优势，因为村集体活动以及农户在村中的声誉也是金融机构获取农户信息、进行信用评级的主要途径。

第三，在生态移民迁入区，移民搬迁农户相较于非移民农户在正规借贷市场上面临更为严重的信贷约束。从实证结果的需求方程来看，移民搬迁农户相较于非移民农户而言具有较强的正规借贷需求，而供给方程却显示移民搬迁农户相较于非移民农户更难获得正规金融机构的贷款。因为移民农户都是从宁夏南部山区整村迁移到宁夏引黄灌区（川区），不管在生产投资方面还是生活支出方面资金需求量大，对正规借贷需求表现得比较强烈，但正规金融机构作为资金供给者，更倾向于贷款给富裕村庄的非移民农户，移民搬迁农户面临更大的融资困难。

第四，正规借贷可获性在组织型社会资本和宗族型社会资本影响农户农业生产性投资行为方面均具有显著的中介效应，即社会资本通过农户正规借贷可获性间接影响其农业生产性投资行为的假说在中介效应检验中得到了验证，证明正规借贷可获性确实作为中介变量影响了社会资本对农户农业生产性投资的作用。而且正规借贷可获性其本身也会影响农户的农业生产性投资行为。控制社会资本的效用后，就正规借贷可获性对农户农业生产性投资行为的影响进行重新回归，得到正规借贷可获性对农户农业生产性投资行为的净影响，发现当农户获得正规借贷，其农业生产性投资意愿会加强，投资规模会增大。

7.2　政策建议

7.2.1　鼓励农户加入农民专业合作组织以建立农业产业化利益联结机制

农民专业合作组织依据本土文化成长的背景，形成了组织型信任与互动的非正式规范，是建构有效治理机制的关键性纽带，有助于农户社会关系网络的扩展和积累。作为能够"推动协调行动"的社会结构性资源，社会资本与"合作"之间有着内在的联系（王永龙，2012）。而农户作为合作组织的主体，其参与意愿和参与程度对于农民专业合作社来说具有重要意义（徐旭初，2004）。针对生态移民区移民村和非移民村经济发展特点，以农民专业合作组织为依托，通过农业产业链不断的延伸，积极带动农户自我发展的内生动力，为拓宽农户融资渠道提供有利的条件。

第一，为促进农民专业合作社健康发展，应规范其运营机制。基于当前良好的外部环境，加快构建有利于合作社发展的监督约束机制，同时通过积极引导合作社切实为社员农户提供生产经营等各项指导服务，严格避免出现"休眠社""空心社"等非正常运营现象，不断促进合作社运营规范化。

第二，要鼓励多种合作社运营模式以增强其经营能力。合作社可以通过和资本、土地、劳动力和技术等生产要素入股、参股和合作经营等多种形式与当地涉农企业形成利益共同体。由农民专业合作社牵头，组织社员农户发展生产，在生产技术、产品收购和销售等方面积极与市场对接，打造特色农产品品牌，扩大销售渠道，增强经营实力。

第三，建立健全利益共享风险共担机制。为了降低农业生产经营的投资风险，合作社可以为参与农户开展信用担保和政策担保，提高政策扶持资金的使用效果，使合作社从资金、技术、信息、市场等多方面成为支持小农户与现代农业衔接适用且合意的载体（许黎莉、朱雅雯、陈东平，2020），科学合理的利益联结机制进一步增强了农户对农业生产经营投资的意愿，增强了农户农业生产性投资的信心。

7.2.2 建立健全沟通帮扶机制以提升弱势农户社会资本禀赋不断积累

农户家庭拥有的社会资本对农户的农业生产性投资决策产生了重要影响，鼓励农户生产性投资的政策设计中要充分考虑农户社会资本这一非正式制度因素的重要作用。

首先，鼓励农户建设与维护社会关系网络。实施乡村振兴战略和促进现代农业发展的过程中，正式制度的制定应该充分借鉴非正式制度中的有益成分，可以通过政府鼓励农户加大社会资本投入，充分发挥农户之间沟通、交流及信息共享等方面的优势，促进农户社会资本禀赋的积累。积极引导合理利用亲戚、朋友和组织身份以及相关中介或服务组织等社会网络中的资源，以扩展农户自身的社会关系网络，通过政府推动和社会组织介入，加强了农户与村干部及社会精英之间的沟通与交往，不但可以增强农户与村干部之间相互信任的程度，而且可以完善互惠共享机制。

其次，加强农村集体基层组织建设。加强农村基层民主建设，引导农村社区治理，强化了乡村熟人社会所蕴含的道德规范，而且村集体通过定期组织农户与农户之间的交流沟通，合理的帮扶关系还可以消除人际关系中"差序格局"对弱势群体的影响，尤其侧重于生态移民安置区以进一步加强移民农户的社会资本积累。同时，通过村集体组织引导农户积极参加村集体活动和各种社团活动，推动农户在维护已有的社会资本时，注重培育和开发新的社会关系网络，丰富自身社会资本存量，也可以扩大其获取资源和信息的渠道。

7.2.3　支持农村金融机构创新信贷产品以提升农村金融服务能力

农业生产经营离不开一定的资金投入。实证研究显示正规借贷可获性在社会资本影响农户农业生产性投资行为方面表现出比较显著的中介效应，即正规借贷可获性作为中介变量影响了社会资本对农户农业生产性投资的作用。积极推进生态移民区农村金融改革和增加信贷供给的同时，辅以提高农户收入的配套措施，比如通过给予市场支持、就业创业指导和技术援助等相关政策的跟进，逐步发掘和推进生态移民区农业特色产业的发展，从而实现农村金融与农村经济相互促进的联合运行机制，进而通过正规金融制度的创新实现农村金融交易成本最小化和缓解信息不对称，从制度根源缓解农户正规借贷需求压力（程郁、韩俊、罗丹，2009），以此提高当地农户生产投资的积极性。

从农户角度来看，社会资本丰富的农户比较容易获得正规金融机构借贷，社会资本丰富意味着社会网络关系较为宽广（严予若、郑棣、陆林，2016），从另一层面也说明农户与贷方之间有较强的信任关系，正规金融机构降低了搜寻信息的成本，同时由于双方信息较为对称，违约风险也会相对降低，这于农户和正规金融机构是双赢的局面。正规金融机构在放贷时可以利用农户之间较强的社会网络关系，通过制定"联保"制以降低违约风险。社会资本作为一种非正式制度，在农村金融供给不足和金融服务相对薄弱的情况下，可以缓解信息不对称，促进正规借贷交易的达成。

第一，从金融机构来看，应激励农村金融机构创新信贷产品和服务，提高农户农业生产外部金融丰裕度。农户自有资金不足时，获得外部信贷资金支持有一定困难。根据农户的生产性投资需求特征，激励各类金融机构进一步满足当地农村不同形式的金融需求（童馨乐、杨向阳，2013），设计更为合理可行的金融产品，逐步提高金融服务能力。创新信贷产品和服务机制，包括农户抵押、互助担保以及农业生产金融供应链产品的创新，如农村土地抵押、房屋抵押贷款政策和农机金融租赁政策的试点推进，需要不断深入研究和探索，以进一步增强农户贷款的可得性，可以满足农户农业生产性投资需求。

第二，加快农村金融改革进程，建立健全农户信用评级系统（柳凌韵、周宏，2017），以获得充足的资金支持。通过农村金融改革促进农户信用评级系统的建立和健全，强化了供需双方信息的透明度，不但有利于农户自身可以进入正规金融，也有利于正规金融机构可以精准识别目标客户群进而提高甄别效率，为真正具有有效借贷需求并具备偿还能力的农户提供资金支持。资金支持的可获性有助于提高农业产出水平和户均农产品产量，也会刺激和提升农户的农业生产性投资。

第三，构建农户与正规金融机构的多元化信息传输渠道。根据不同类型的农户社会资本信息传递作用的特征和运行机制，着力构建农户与农村地区正规金融机构的信息传输渠道，不仅可以使农户提供的抵押品多元化，易于获取农业生产经营贷款并用于发展农业生产，且益于缓解农村的信贷约束困境，逐步形成稳定有序高效的信息沟通机制，也可以直接降低农村地区正规金融机构获取农户信息的成本。

7.2.4　加强农村金融机构相关信贷政策和金融知识的教育宣传

从农户需求出发，第一，着力创新农村正规金融的组织形式和完善农村金融市场机制，强化正规金融支持政策。在当前农户收入增长放缓的情况下，当地政府应营造良好的政策环境，综合运用政策、市场等手段为商业化运作的正规金融机构进入农村地区助农扶农提供基础。第二，面向农户深入开展金融素养教育。应构建由基层政府和金融机构协作推进的农户金融教育组织体系，促进农村金融机构深入开展"金融知识下乡""金融知识进校园"等金融素养普及推广活动，广泛利用农村金融机构的微信公众号与官方微博发布金融知识与投资理财实用技能等相关微视频，促进农户金融教育、新型职业农民培育与农业技术培训的有机结合（何学松、孔荣，2019）。基于以上农村金融机构相关信贷政策和金融知识的强化普及，可以促进不同类型金融机构与农户的良性互动，使广大农户真正了解农村金融机构，提高农户尤其是生态移民农户对信贷政策的认知程度，使农户理性地选择融资渠道，有利于降低农户交易成本和有效满足其正规融资需求。第三，继续加强生态移民迁入区农户职业技能推广和培训。由于移民农户从南部山区搬迁至安置区后，相比于迁出地人均耕地面积大幅度减少，家庭收入来源主要依靠外出务工。但调研中发现移民农户普遍存在文化程度较低又缺乏非农就业技能，往往因自身条件较弱而影响了农户外出务工的信心。基于此，政府相关部门应持续加强对移民迁入区农户的职业技能教育投资，积极组织主要劳动力分层次、分类型参加基础文化教育和技能培训，同时需要进一步完善生态移民迁入区基础教育设施，提高生态移民迁入区人力资本水平，精准培育农户的"造血"能力，切实提高农户非农经营收入水平。

主要参考文献

［1］舒尔茨．改造传统农业［M］．梁小民，译．北京：商务印书馆，1987.

［2］Bourdieu. 实践感［M］．蒋梓骅，译．北京：译林出版社，2003.

［3］弗朗西斯，福山．信任——社会道德与繁荣的创造［M］．李婉蓉，译．呼和浩特：远方出版社，1998.

［4］科尔曼．社会理论的基础［M］．邓方，译．北京：社会科学文献出版社，1999.

［5］罗伯特·D. 普特南．使民主运转起来［M］．王列，赖海榕，译．南昌：江西人民出版社，2001.

［6］恰亚诺夫．农民经济组织［M］．萧正洪，译．北京：中央译文出版社，1996.

［7］西奥多·W. 舒尔茨．论人力资本投资［M］．吴珠华，等译．北京：经济学院出版社，1992.

［8］白永秀，马小勇．农户个体特征对信贷约束的影响：来自陕西的经验证据［J］．中国软科学，2010（9）：148 – 155.

［9］班涛．农村声望地位的阶层确认研究——基于“结构—互动”视角的解读［J］．南京农业大学学报（社会科学版），2018，18（5）：70 – 78 + 156 – 157.

［10］边燕杰．城市居民社会资本的来源及作用：网络观点与调查发现［J］．中国社会科学，2004（3）：136 – 146 + 208.

［11］卜范达，韩喜平．“农户经营”内涵的探析［J］．当代经济研究，2003（9）：37 – 41.

［12］曾红萍，曾凡木．移民村庄的社会资本培育与金融互助社发展［J］．西北农林科技大学学报（社会科学版），2020，20（2）：19 – 25.

［13］崔冀娜，王健，张晓慧．基于公民感知的移民搬迁后城镇融入研究——以三江源生态移民为例［J］．干旱区资源与环境，2019，33

（2）：83 - 88.

[14] 常子豪，方俊森，栾敬东. 农业生产经营主体投资行为的实证分析——以安徽省 5 个区县为例 [J]. 华东经济管理，2014，28（7）：28 - 32.

[15] 陈芳. 社会资本、融资心理与农户借贷行为——基于行为经济学视角的逻辑分析与实证检验 [J]. 南方金融，2018（4）：51 - 63.

[16] 陈劲松，张剑渝，张斌. 社会资本对交易费用的作用：理论、机制和效果——基于机会主义行为治理视角的研究述评 [J]. 经济学动态，2013（12）：87 - 90.

[17] 陈铭恩，温思美. 我国农户农业投资行为的再研究 [J]. 农业技术经济，2004（2）：24 - 27.

[18] 陈卫洪，谢晓英. 扶贫资金投入对农户家庭收入的影响分析——基于贵州省 1990 ~ 2010 年扶贫数据的实证检验 [J]. 农业技术经济，2013（4）：35 - 42.

[19] 陈熹，陈帅. 社会资本质量与农户借贷可得性——基于职业声望的分析 [J]. 江西社会科学，2018，38（5）：218 - 226.

[20] 陈新建. 资金激励、风险厌恶与民族地区贫困户生产投资——广西建档立卡贫困户的实验数据分析 [J]. 中南民族大学学报（人文社会科学版），2019，39（4）：143 - 148.

[21] 陈奕山，钟甫宁，纪月清. 为什么土地流转中存在零租金？——人情租视角的实证分析 [J]. 中国农村观察，2017（4）：43 - 56.

[22] 陈银娥，师文明. 中国农村金融发展与贫困减少的经验研究 [J]. 中国地质大学学报（社会科学版），2010（6）：100 - 105.

[23] 陈钊，陆铭，佐藤宏. 谁进入了高收入行业？——关系、户籍与生产率的作用 [J]. 经济研究，2009（10）：121 - 132.

[24] 陈昭玖，朱红根. 人力资本、社会资本与农民工返乡创业政府支持的可获性研究——基于江西 1145 份调查数据 [J]. 农业经济问题，2011（5）：54 - 59.

[25] 程昆，潘朝顺，黄亚雄. 农村社会资本的特性、变化及其对农村非正规金融运行的影响 [J]. 农业经济问题，2006（6）：31 - 35.

[26] 褚保金，卢亚娟，张龙耀. 信贷配给下农户借贷的福利效果分析 [J]. 中国农村经济，2009（6）：51 - 61.

［27］崔宝玉．农民专业合作社：社会资本的动用机制与效应价值
［J］．中国农业大学学报（社会科学版），2015，32（4）：101－109．

［28］崔宝玉．农民专业合作社的治理逻辑［J］．华南农业大学学报
（社会科学版），2015，14（2）：9－19．

［29］崔景华，李万甫，谢远涛．基层财政支出配置模式有利于农户
脱贫吗——来自中国农村家庭追踪调查的证据［J］．财贸经济，2018
（2）：21－35．

［30］丁志国，朱欣乐，赵晶．农户融资路径偏好及影响因素分
析——基于吉林省样本［J］．中国农村经济，2011（8）：54－62＋71．

［31］丁凤琴，高晶晶．西部少数民族聚居区生态移民人口迁移的文化
适应——以宁夏中部干旱带地区为例［J］．农村经济，2015（6）：75－81．

［32］董晓林．农村金融学［M］．北京：科学出版社，2012．

［33］东梅，魏涛，师东晖，等．生态移民满意度驱动机制及其安置
模式选择策略研究［M］．北京：经济科学出版社，2015．

［34］豆书龙，叶敬忠．乡村振兴与脱贫攻坚的有机衔接及其机制构
建［J］．改革，2019（1）：19－29．

［35］杜鹏．面子：熟人社会秩序再生产机制探究［J］．华中农业大
学学报（社会科学版），2017（4）：63－72＋147－148．

［36］杜焱强，刘平养，包存宽，等．社会资本视阈下的农村环境治
理研究——以欠发达地区 J 村养殖污染为个案［J］．公共管理学报，2016
（4）：101－112．

［37］范垄基．蔬菜产业发展框架下的农户行为研究［D］．北京：中
国农业大学，2015．

［38］范香梅，张晓云．社会资本影响农户贷款可得性的理论与实证
分析［J］．管理世界，2012（4）：177－178．

［39］方鸿．非农就业对农户农业生产性投资的影响［J］．云南财经
大学学报，2013，29（1）：77－83．

［40］方蕊，安毅，刘文超．"保险＋期货"试点可以提高农户种粮
积极性吗？——基于农户参与意愿中介效应与政府补贴满意度调节效应的
分析［J］．中国农村经济，2019（6）：113－126．

［41］房启明，罗剑朝，曹璨．农地抵押融资试验模式比较与适用条
件［J］．华南农业大学学报（社会科学版），2015（3）：33－42．

［42］费孝通．乡土中国［M］．北京：人民出版社，2015．

［43］冯黎. 贫困地区大病风险冲击下的农户经济行为研究［D］. 武汉：华中农业大学，2009.

［44］国家统计局. 第三次全国农业普查公报［R］. 2017.

［45］甘宇. 中国农户生产性投资面临的融资约束研究［J］. 金融理论与实践，2016（2）：68 - 71.

［46］高雷. 水稻种植户生产行为研究［D］. 北京：中国农业科学院，2011.

［47］顾天竹，纪月清，钟甫宁. 中国农业生产的地块规模经济及其来源分析［J］. 中国农村经济，2017（2）：30 - 43.

［48］桂勇，黄荣贵. 社区社会资本测量：一项基于经验数据的研究［J］. 社会学研究，2008（3）：122 - 142.

［49］郭敏，屈艳芳. 农户投资行为实证研究［J］. 经济研究，2002（6）：86 - 92 + 96.

［50］韩明谟. 农村社会学［M］. 北京：北京大学出版社，2001.

［51］韩俊，罗丹，程郁. 信贷约束下农户信贷需求行为的实证研究［J］. 农业经济问题，2007（2）：44 - 52.

［52］何德旭，饶明. 我国农村金融市场供求失衡的成因分析：金融排斥视角［J］. 社会经济体制比较，2008（2）：108 - 114.

［53］何广文，李莉莉. 正规金融机构小额信贷运行机制及其绩效评价［M］. 北京：中国财政经济出版社，2005.

［54］何广文. 从农户居民资金借贷行为看农村金融抑制与金融深化［J］. 中国农村经济，1999（10）：42 - 48.

［55］何可，张俊飚，张露，等. 人际信任、制度信任与农民环境治理参与意愿——以农业废弃物资源化为例［J］. 管理世界，2015（5）：75 - 88.

［56］何凌云，黄季焜. 土地使用权的稳定性与肥料使用——广东省实证研究［J］. 中国农村观察，2001（5）：42 - 48.

［57］何明生，帅旭. 融资约束下的农户信贷需求及其缺口研究［J］. 金融研究，2008（7）：66 - 79.

［58］何学松，孔荣. 金融素养、金融行为与农民收入——基于陕西省的农户调查［J］. 北京工商大学学报（社会科学版），2019，34（2）：1 - 11.

［59］贺莎莎. 农户借贷行为及其影响因素分析——以湖南省花岩溪

村为例［J］.中国农村观察，2008（1）.

［60］贺雪峰.新乡土中国［M］.北京：北京大学出版社，2013.

［61］胡邦勇.贫困地区农村金融发展对农户福利影响研究［D］.南京：南京农业大学，2014.

［62］胡枫，陈玉宇.社会网络与农户借贷行为——来自中国家庭动态跟踪调查（CFPS）的证据［J］.金融研究，2012（12）：178–192.

［63］胡金焱，张博.社会网络、民间融资与家庭创业——基于中国城乡差异的实证分析［J］.金融研究，2014（10）：148–163.

［64］胡金焱，张乐.非正规金融与小额信贷：一个理论述评［J］.金融研究，2004（7）：123–131.

［65］胡士华，李伟毅.信息结构、贷款技术与农户融资结构——基于农户调查数据的实证研究［J］.管理世界，2011（7）：61–68.

［66］胡雯.资本替代劳动：农户生产性投资行为研究［D］.南昌：江西农业大学，2017.

［67］央平清.农村社区社会资本状况研究——西北弓村实地研究［D］.兰州：西北师范大学，2002.

［68］黄季焜，冀县卿.农地使用权确权与农户对农地的长期投资［J］.管理世界，2012（9）：76–81.

［69］黄勇.浅析农户社会资本对非正规借贷行为的影响［J］.金融理论与实践，2009（6）：76–78.

［70］黄宗智.华北的小农经济与社会变迁［M］.北京：中华书局，2000.

［71］黄祖辉，刘西川，程恩江.生产性抑或消费性——方法比较与实证分析［J］.管理世界，2007（3）：73–80.

［72］黄祖辉，刘西川.贫困地区农户正规信贷市场低参与程度的经验解释［J］.经济研究，2009（4）：116–128.

［73］霍学喜，屈小博.西部传统农业区域农户资金借贷需求与供给分析——对陕西渭北地区农户资金借贷的调查与思考［J］.中国农村经济，2005（8）：58–67.

［74］焦娜.地权安全性会改变农户投资行为吗——基于CHARLS2011和2013年数据的实证研究［J］.农业技术经济，2018（9）：42–53.

［75］贾耀锋.中国生态移民效益评估研究综述［J］.资源科学，2016，38（8）：1550–1560.

［76］康晨 . 风险态度对农户中低收入群体生产投资的影响研究［D］. 南宁：广西大学，2018.

［77］孔荣，Calum G Turvey，霍学喜 . 信任、内疚与农户借贷选择的实证分析——基于甘肃、河南、陕西三省的问卷调查［J］. 中国农村经济，2009b（11）：50 - 59.

［78］孔荣，Calum G Turvey. 中国农户经营风险与借贷选择的关系研究——基于陕西的案例［J］. 世界经济文汇，2009a（1）：70 - 79.

［79］孔荣，陈传梅，衣明卉 . 农户正规借贷可得性影响因素的实证分析——以陕西省 756 户农户的调查为例［J］. 农业经济与管理，2010（3）：36 - 44.

［80］孔祥智，史冰清 . 农户参加用水者协会意愿的影响因素分析——基于广西横县的农户调查数据［J］. 中国农村观察，2008（10）：22 - 33.

［81］孔祥智 . 农业经济学［M］. 北京：中国人民大学出版社，2014.

［82］黎东升，杨义群，肖飞 . 重塑农业投资主体投入机制的思考［J］. 农业经济问题，2001（6）：34 - 37.

［83］李庆海，陈金鹏，郁杨成 . 抵押与农户信贷违约风险：逆向选择还是道德风险？［J］. 世界农业，2020（1）：30 - 40 + 130.

［84］李庆海，等 . 社会资本能够缓解农户的正规和非正规借贷约束吗？基于四元 Probit 模型的实证分析［J］. 南开经济研究，2017（5）：77 - 98.

［85］李霞，文琦，朱志玲 . 基于年龄层次的宁夏生态移民社会适应性研究［J］. 干旱区资源与环境，2017，31（5）：32 - 36.

［86］李锐 . 中国农村金融问题研究——基于微观计量模型的政策分析［M］. 北京：中国财政经济出版社，2007.

［87］李东 . 中国生态移民的研究——一个综述［J］. 西北人口，2009，30（1）：32 - 37.

［88］李文龙，林海英，金桩 . 社会资本可利用度及其影响因素研究——来自内蒙古农牧民的经验发现［J］. 经济研究，2019，54（12）：134 - 149.

［89］李晓明，何宗干 . 传统农区农户借贷行为的实证分析——基于安徽省农户借贷行为的调查［J］. 农业经济问题，2006（6）：36 - 38 + 80.

［90］李旭，李雪 . 社会资本对农民专业合作社成长的影响——基于

资源获取中介作用的研究 [J]. 农业经济问题, 2019 (1): 125 - 133.

[91] 李延敏. 西部地区农户信贷供给分析 [J]. 财贸研究, 2005 (2): 34 - 38.

[92] 梁巧, 吴闻, 刘敏, 等. 社会资本对合作社社员参与行为及绩效的影响 [J]. 农业经济问题, 2014 (11): 71 - 79.

[93] 梁爽, 等. 财富、社会资本与农户的融资能力 [J]. 金融研究, 2014 (4): 83 - 97.

[94] 林聚任, 刘翠霞. 山东农村社会资本状况调查 [J]. 开发时代, 2005 (4): 119 - 138.

[95] 林文声, 秦明, 王志刚. 农地确权颁证与农户农业投资行为 [J]. 农业技术经济, 2017 (12): 4 - 14.

[96] 林毅夫, 蔡昉, 李周. 中国的奇迹: 发展战略与经济改革 [M]. 上海: 上海人民出版社, 1999.

[97] 林毅夫. 再论制度、技术与中国农业发展 [M]. 北京: 北京大学出版社, 2000.

[98] 刘承芳, 张林秀, 樊胜根. 农户农业生产性投资影响因素研究——对江苏省六个县市的实证分析 [J]. 中国农村观察, 2002 (4): 34 - 42 + 80.

[99] 刘建. 主体性视角下后脱贫时代的贫困治理 [J]. 华南农业大学学报 (社会科学版), 2019, 18 (5): 17 - 25.

[100] 刘莉亚, 等. 农户融资现状及其成因分析——基于中国东部、中部、西部千社万户的调查 [J]. 中国农村观察, 2009 (3): 2 - 10 + 94.

[101] 刘庆, 朱玉春. 社会资本对农户参与小型农田水利供给行为的影响研究 [J]. 农业技术经济, 2015 (12): 32 - 41.

[102] 刘西川, 等. 农户正规信贷需求与利率: 基于 Tobit 模型的经验考察 [J]. 管理世界, 2014 (3): 75 - 91.

[103] 刘玉振, 刘勇, 任永胜. 经济转型时期开封市农户生产投资行为变化研究 [J]. 河南大学学报 (自然科学版), 2005 (2): 52 - 56.

[104] 柳凌韵, 周宏. 正规金融约束、规模农地流入与农机长期投资——基于水稻种植规模农户的数据调查 [J]. 农业经济问题, 2017, 38 (9): 65 - 76.

[105] 龙子泉, 徐一鸣, 周玉琴, 等. 社会资本视角下小型农田水利设施管护效果——湖北省当阳市两个农民用水户协会案例研究 [J]. 中国

农村观察，2018（2）：16 - 29.

[106] 罗静静，陈东平.工具性社会资本对农户借贷融资的影响——基于江苏南通市紫菜种植户的调研 [J].财会月刊，2015（33）：46 - 50.

[107] 吕勇斌，赵培培.我国农村金融发展与反贫困绩效：基于2003 - 2010 年的经验证据 [J].农业经济问题，2014（1）：54 - 60.

[108] 马光荣，杨恩艳.社会网络、非正规金融与创业 [J].经济研究，2011（3）：83 - 94.

[109] 马红梅，陈柳钦.农村社会资本理论及其分析框架 [J].河北经贸大学学报，2012，33（2）：10 - 19.

[110] 马晓青，朱喜，史清华.信贷抑制与农户投资回报——云南、宁夏农户调查案例分析 [J].上海经济研究，2010（9）：63 - 73.

[111] 马兴栋，邵砾群，霍学喜.差序格局是否导致农户生产的"技术锁定"？——基于技术网络嵌入视角 [J].华中农业大学学报（社会科学版），2018（6）：20 - 28 + 151.

[112] 马艳艳，林乐芬，杨国涛.生态移民区农户借贷行为及影响因素分析——以宁夏 576 户农户的调查数据为例 [J].学术论坛，2015（1）：73 - 77.

[113] 苗红娜.社会资本研究：分类与测量 [J].重庆大学学报（社会科学版），2015，21（6）：123 - 131.

[114] 聂英，董娜，孔祥露.基于 Logistic 模型的农户节水技术选择行为研究 [J].统计与决策，2015（10）：92 - 95.

[115] 牛喜霞，邱靖.社会资本及其测量的研究综述 [J].理论与现代化，2014（3）：119 - 127.

[116] 牛喜霞.农村社区社会资本的结构及影响因素分析 [J].湖南师范大学社会科学学报，2013（4）：66 - 67.

[117] 彭克强，邱雁.农民增收对农户正规信贷可得性效应分析——来自粮食主产省的经验证据 [J].金融理论与实践，2017（1）：75 - 81.

[118] 彭文慧，李恒.社会资本的差异分配与农村减贫——基于山东、河南、陕西三省的调查分析 [J].经济学家，2018（9）：98 - 104.

[119] 平新乔，张海洋，郝朝艳，梁爽.农民金融约束的形成原因探究 [J].经济学动态，2012（4）：10 - 14.

[120] 钱龙，钱文荣.外出务工对农户农业生产投资的影响——基于中国家庭动态跟踪调查的实证分析 [J].南京农业大学学报（社会科学

版），2018，18（5）：109－121＋158.

［121］钱文荣，郑黎义．劳动力外出务工对农户水稻生产的影响［J］.中国人口科学，2010（5）：58－65.

［122］钱巨然．农户分化视角下连片特困地区农户农业投资影响因素比较研究［D］．昆明：云南财经大学，2016.

［123］秦海林，李超伟，万佳乐．社会资本、农户异质性与借贷行为——基于 CFPS 数据的测度分析与实证检验［J］．金融与经济，2019（1）：33－40.

［124］申云．社会资本、二元金融与农户借贷行为［J］．经济评论，2016（1）：80－90.

［125］师荣蓉，徐璋勇，赵彦嘉．金融减贫的门槛效应及其实证检验——基于中国西部省际面板数据的研究［J］．中国软科学，2013（3）：32－41.

［126］史方超，董继刚．农户信贷可得性的影响因素及其层次结构——基于泰安市农户的经验分析［J］．湖南农业大学学报（社会科学版），2015（4）：23－29.

［127］单德朋，郑长德，王英．金融可得性、信贷需求与精准扶贫的理论机制及研究进展［J］．西南民族大学学报（人文社会科学版），2016（9）：127－134.

［128］史清华．农户经济增长与发展研究［D］．北京：中国农业大学，1999.

［129］苏静，胡宗义．农村金融减贫的直接效应与中介效应——基于状态空间模型和中介效应检验的动态分析［J］．财经理论与实践（双月刊），2015（4）：33－38.

［130］苏静，胡宗义，肖攀．中国农村金融发展的多维减贫效应非线性研究——基于面板平滑转换模型的分析［J］．金融经济学研究，2014（7）：86－96.

［131］孙颖，林万龙．市场化进程中社会资本对农户融资的影响——来自 CHIPS 的证据［J］．农业技术经济，2013（3）：26－34.

［132］孙永苑，杜在超，张林，何金财．关系、正规与非正规借贷［J］．经济学（季刊），2016，15（2）：577－626.

［133］邰秀军，畅冬妮，郭颖．宁夏生态移民居住安置方式的减贫效果分析［J］．干旱区资源与环境，2017（4）：47－52.

[134] 谭燕芝,张子豪.社会网络、非正规金融与农户多维贫困 [J].财经研究,2017 (3):43-56.

[135] 童馨乐,杨向阳.社会资本对农户借贷资金来源影响研究 [J].西北农林科技大学学报 (社会科学版),2013,13 (4):74-81.

[136] 童馨乐,褚保金,杨向阳.社会资本对农户借贷行为影响的实证研究——基于八省1003个农户的调查数据 [J].金融研究,2011 (12):177-191.

[137] 汪昌云,等.金融市场化提高了农户信贷获得吗? [J].经济研究,2014 (1):33-45.

[138] 汪三贵,朴之水,李莹星.农户中低收入群体信贷资金的供给与需求 [M].北京:中国农业出版社,2001.

[139] 王春超,周先波.社会资本能影响农民工收入吗?——基于有序响应收入模型的估计和检验 [J].管理世界,2013 (9):55-68.

[140] 王定祥,田庆刚,李伶俐,等.贫困型农户信贷需求与信贷行为实证研究 [J].金融研究,2011 (5):124-138.

[141] 王恒,等.社会资本、金融借贷与农户多维贫困——基于秦巴山区3省的微观调查数据 [J].中国人口·资源与环境,2019,29 (11):167-176.

[142] 王积超.社会资本及其测量的理论研究 [J].西北民族大学学报 (哲学社会科学版),2004 (2):62-65.

[143] 王全忠,周宏.农业生产性投资、流转租期与效益追求方式 [J].华南农业大学学报 (社会科学版),2017,16 (5):15-27.

[144] 王文略,刘旋,余劲.风险与机会视角下生态移民决策影响因素与多维减贫效应——基于陕西南部1032户农户的面板数 [J].农业技术经济,2018 (12):92-102.

[145] 王修华,谭开通.农户信贷排斥形成的内在机理及其经验检验 [J].中国软科学,2012 (6):139-150.

[146] 王永龙.社会资本建构与农民合作经济组织互补性治理 [J].经济学家,2012 (6):80-84.

[147] 温涛,冉光和,熊德平.中国金融发展与农民收入增长 [J].经济研究,2005 (9):30-43.

[148] 温忠麟,张雷,侯杰泰等.中介效应检验程序及其应用 [J].心理学报,2004,36 (5):614-620.

[149] 翁贞林. 农户理论与应用研究进展与述评 [J]. 农业经济问题, 2008 (8): 93 - 100.

[150] 吴春雅, 江帆, 袁云云. 农村社会资本研究的进展、热点及趋势——基于 Citespace 的可视化图谱分析 [J]. 世界农业, 2019 (9): 21 - 29 + 37 + 135.

[151] 谢彦明. 农户信贷可得性影响因素的计量分析——以云南省 220 农户农信社融资为例 [J]. 新疆农垦经济, 2008 (10): 41 - 45.

[152] 谢志忠. 农村金融理论与实践 [M]. 北京: 北京大学出版社, 2011.

[153] 谢治菊, 谭洪波. 农村社会资本存量: 概念、测量与计算 [J]. 贵州财经学院学报, 2011 (5): 87 - 93.

[154] 夏支平. 后脱贫时代农民贫困风险对乡村振兴的挑战 [J]. 江淮论坛, 2020 (1): 18 - 25.

[155] 辛翔飞, 秦富. 影响农户投资行为因素的实证分析 [J]. 农业经济问题, 2005 (10): 36 - 39 + 81.

[156] 熊建国. 中国农户融资的现状分析与民间金融——来自江西省上饶市的个案调查与思考 [J]. 中国农村经济, 2006 (3): 59 - 62 + 69.

[157] 熊学萍, 阮红新, 易法海. 农户金融行为、融资需求及其融资制度需求指向研究——基于湖北省天门市的农户调查 [J]. 金融研究, 2007 (8): 167 - 181.

[158] 徐顽强, 王文彬. 乡村振兴的主体自觉培育: 一个尝试性分析框架 [J]. 改革, 2018 (8): 73 - 79.

[159] 徐旭初. 中国农民合作经济组织制度创新研究 [M]. 杭州: 浙江大学出版社, 2004.

[160] 徐璋勇, 杨贺. 农户信贷行为倾向及其影响因素分析——基于西部 11 省 (区) 1664 户农户的调查 [J]. 中国软科学, 2014 (3): 45 - 56.

[161] 许经勇. 我国现阶段农户投资行为剖析 [J]. 经济经纬, 1999 (5): 42 - 43.

[162] 许黎莉, 朱雅雯, 陈东平. 社会资本促进小农户与现代农业有机衔接之作用——基于资源获取能力中介效应的检验 [J]. 商业研究, 2020 (2): 145 - 152.

[163] 许庆, 章元. 土地调整、地权稳定性与农民长期投资激励 [J].

经济研究，2005（10）：59 – 69.

[164] 许圣道，田霖. 我国农村地区金融排斥研究 [J]. 金融研究，2008（7）：195 – 206.

[165] 许星. 贫困地区农户正规借贷支农效果研究——以甘肃省六盘山地区为例 [D]. 咸阳：西北农林科技大学，2019.

[166] 徐虹. 社会资本对农民资金互助组织制度绩效的影响研究 [D]. 南京：南京农业大学，2013.

[167] 严奉宪，张琪. 社会资本对农业减灾公共品支付意愿的影响——基于湖北省二个县的实证研究 [J]. 农业经济问题，2017，38 (6)：56 – 63 + 2.

[168] 严立冬，陈胜. 农户投资结构非农化程度的影响因素分析：基于面板动态自选择百分数因变量模型 [J]. 暨南学报（哲学社会科学版），2016（1）：113 – 121.

[169] 严太华，刘志明. 信贷需求、借贷行为与农户社会网络的关联度 [J]. 改革，2015（9）：151 – 159.

[170] 严武，陈熹. 社会资本视角下农户借贷行为影响因素分析——基于江西1294个调查样本的实证 [J]. 江西社会科学，2014（8）：210 – 215.

[171] 严予若，郑棣，陆林. 家庭禀赋对农户借贷途径影响的实证分析 [J]. 财经科学，2016（9）：100 – 111.

[172] 燕继荣. 投资社会资本——政治发展的一种新维度 [M]. 北京：北京大学出版社，2006.

[173] 杨丹，刘自敏. 农户专用性投资、农社关系与合作社增收效应 [J]. 中国农村经济，2017（5）：45 – 57.

[174] 杨芳. 社会网络对农户生产决策的影响研究 [D]. 重庆：西南大学，2019.

[175] 杨芳，张应良，刘魏. 社会网络、土地规模与农户生产性投资 [J]. 改革，2019（1）：97 – 108.

[176] 杨贺. 农户社会资本对借贷倾向影响的分析及其检验 [D]. 西安：西北大学，2015.

[177] 杨晶，丁士军，邓大松. 人力资本、社会资本对失地农民个体收入不平等的影响研究 [J]. 中国人口·资源与环境，2019（3）：152 – 155.

[178] 杨晶, 黄云. 人力资本、社会资本对农户消费不平等的影响 [J]. 华南农业大学学报 (社会科学版), 2019, 18 (4): 111-126.

[179] 杨俊, 王燕, 张宗益. 中国金融发展与贫困减少的经验分析 [J]. 世界经济, 2008 (8): 62-76.

[180] 杨明婉, 张乐柱. 社会资本强度对农户家庭借贷行为影响研究——基于 2016 年 CFPS 的数据 [J]. 经济与管理评论, 2019, 35 (5): 71-83.

[181] 杨明婉, 张乐柱, 颜梁柱. 农户家庭信贷规模效应研究: 基于交易费用视角 [J]. 农村经济, 2019 (6): 91-97.

[182] 杨汝岱, 陈斌开, 朱诗娥. 基于社会网络视角的农户民间借贷需求行为研究 [J]. 经济研究, 2011 (11): 116-129.

[183] 杨月如. 社会哲学视野中的中国社会资本研究 [D]. 北京: 中共中央党校, 2006.

[184] 姚耀军, 李明珠. 中国金融发展的反贫困效应: 非经济增长视角下的实证检验 [J]. 上海财经大学学报, 2014 (1): 69-76.

[185] 姚宇, 李善燊. 信贷规模与城乡经济增长关系实证研究——以陕西省为例 [J]. 统计与信息论坛, 2009 (10): 37-42.

[186] 叶敬忠, 朱炎洁, 杨洪萍. 社会学视角的农户金融需求与农村金融供给 [J]. 中国农村经济, 2004 (8): 31-37.

[187] 易小兰. 农户正规借贷需求及其正规贷款可获性的影响因素分析 [J]. 中国农村经济, 2012 (2): 56-64.

[188] 尹文静, 王礼力, Ted Mc Connel. 农民生产投资的影响因素分析——基于监督分组的主成分回归分析 [J]. 农业技术经济, 2011 (2): 19-26.

[189] 尤小文. 农户: 一个概念的探讨 [J]. 中国农村观察, 1999 (5): 19-22+53.

[190] 余新平, 等. 中国农村金融发展与农民收入增长 [J]. 中国农村经济, 2010 (6): 77-96.

[191] 俞海, 黄季焜, Rozelle S, 等. 地权稳定性、土地流转与农地资源持续利用 [J]. 经济研究, 2003 (9): 82-91.

[192] 张改清. 农户投资与农户经济收入增长的关系研究 [M]. 北京: 中国农业出版社, 2005.

[193] 张海洋, 李静婷. 村庄金融环境与农户信贷约束 [J]. 浙江社

会科学，2012（2）：11－20.

[194] 张海洋，等. 社会资本与农户创业中的金融约束 [J]. 浙江社会科学，2015（7）：15－27.

[195] 张建，诸培新，南光耀. 不同类型农地流转对农户农业生产长期投资影响研究——以江苏省四县为例 [J]. 南京农业大学学报（社会科学版），2019，19（3）：96－104＋158－159.

[196] 张杰. 农户、国家与中国农贷制度：一个长期视角 [J]. 金融研究，2005（2）：1－12.

[197] 张清慧，唐萍. 农户短期农业生产投资的特征与效益评价 [J]. 华中农业大学学报（社会科学版），2002（3）：29－31＋43.

[198] 张顺，郭小弦. 社会网络资源及其收入效应研究——基于分位回归模型分析 [J]. 社会，2011（1）：94－111.

[199] 张晓明，陈静. 构建社会资本：破解农村信贷困境的一种新思路 [J]. 经济问题，2007（3）：99－100.

[200] 章元，陆铭. 社会网络是否有助于提高农民工的工资水平？ [J]. 管理世界，2009（3）：45－54.

[201] 赵峰娟，王艳杰，姜志德. 农户经营性投入的影响因素分析——以洛南县核桃种植为例 [J]. 中国农业资源与区划，2011，32（6）：26－31＋38.

[202] 赵剑治，陆铭. 关系对农村收入差距的贡献及其地区差异——一项基于回归的分解分析 [J]. 经济学（季刊），2009（1）：363－390.

[203] 赵延东. 测量西部城乡居民的社会资本 [J]. 华中师范大学学报（人文社会科学版），2006（6）：48－52.

[204] 郑重，朱玉春. 基于社会资本视角的农户参与农田水利投资意愿研究 [J]. 中国农村水利水电，2014（11）：1－5.

[205] 钟春平，孙焕民，徐长生. 信贷约束、信贷需求与农户借贷行为：安徽的经验证据 [J]. 金融研究，2010（11）：189－206.

[206] 钟甫宁，纪月清. 土地产权、非农就业机会与农户农业生产投资 [J]. 经济研究，2009，44（12）：43－51.

[207] 周立. 农村金融市场四大问题及其演化逻辑 [J]. 财贸经济，2007（2）：56－63.

[208] 周立. 中国农村金融：市场体系与实践调查 [M]. 北京：中国农业科学技术出版社，2010.

[209] 周脉伏，徐进前. 信息成本、不完全契约与农村金融机构设置——从农户融资视角的分析 [J]. 中国农村观察，2004 (5)：38 - 43 + 79 - 80.

[210] 周小刚，陈熹. 关系强度、融资渠道与农户借贷福利效应——基于信任视角的实证研究 [J]. 中国农村经济，2017 (1)：16 - 29.

[211] 周晔馨，叶静怡. 社会资本在减轻农村贫困中的作用：文献述评与研究展望 [J]. 南方经济，2014 (7)：35 - 57.

[212] 周一鹿，等. 经济转型期农村金融资源开发对农民收入影响效应研究 [J]. 农业技术经济，2010 (10)：33 - 39.

[213] 周应恒，杨美丽，王图展. 农村公共事业发展影响农户农业生产性投资的实证分析 [J]. 南京农业大学学报（社会科学版），2007 (1)：32 - 36 + 70.

[214] 周月书，孙冰辰，彭媛媛. 规模农户加入合作社对正规借贷约束的影响——基于社会资本的视角 [J]. 南京农业大学学报（社会科学版），2019，19 (4)：126 - 137 + 160.

[215] 周宗安. 农户信贷需求的调查与评析：以山东省为例 [J]. 金融研究，2010 (2)：195 - 206.

[216] 朱民，尉安宁，刘守英. 家庭责任制下的土地制度和土地投资 [J]. 经济研究，1997 (10)：62 - 69.

[217] 朱庆莹，等. 社会资本、耕地价值认知与农户耕地保护支付意愿——基于一个有调节的中介效应模型的实证 [J]. 中国人口·资源与环境，2019，29 (11)：120 - 131.

[218] 朱喜，史清华，李锐. 转型时期农户的经营投资行为——以长三角15村跟踪观察农户为例 [J]. 经济学（季刊），2010 (2)：713 - 730.

[219] 朱喜. 农户借贷的福利影响 [J]. 统计与决策，2006 (10)：15 - 19.

[220] 庄道元，等. 关于我国农户农业投资行为理性的分析 [J]. 经济论坛，2004 (17)：109 - 110.

[221] 左臣明，王莉. 信息不对称、非正规金融与农村金融改革 [J]. 调研世界，2006 (2)：32 - 34.

[222] 左斐，徐璋勇，罗添元. 保险能改善对农户的信贷配给吗？——来自822户农户调查的经验证据 [J]. 云南财经大学学报，2019，35 (8)：63 - 75.

[223] Granovetter, Mark. Economic Action and Social Structure: The Problem of Embeddedness [J]. American Journal Sociology, 1985, 91 (11): 481 −510.

[224] Ajam O, Tijani G. The role of social capital in access to micro credit in Ekiti State, Nigeria [J]. Pakistan Journal of Social Sciences, 2009, 3 (6): 125 −132.

[225] Barro R. Economic Growth in a Cross − Section of Countries [J]. Quarterly Journal of Economics, 1991, 106 (2): 407 −443.

[226] Baron M., D. Kenny. The Moderator − Mediator Variable Distinction in Social Psychological Research: Conceptual, Strategic and Statistical Consideration [J]. Journal of Personality and Social Psychology, 1986, 51 (6): 1173 −1182.

[227] Brauw A., S. Rozelle, Migration and household investment in Rural China [J]. China Economic Review, 2009, 19 (2): 320 −335.

[228] Besley T. Property rights and investment incentives: Theory and evidence from Ghana [J]. Journal of Political Economy, 1995, 103 (5): 903 − 937.

[229] Boucher S R, Guirkinger C., Trivell C. Direct Elicitation of Credit Constraints: Conceptual and Practical Issues withan Empirical Application to Peruvian Agriculture [C]. Paper Presented at the American Agricultural Economics Association Annual Meeting, 2005.

[230] Burgess, Robin, Pande, Rohini. Can Rural Banks Reduce Poverty? Evidence from the Indian Social Banking Experiment [J]. American Economic Review, 2005, 95 (3): 780 −795.

[231] Cassar A, Crowley L, Wydick B. The effect of social capital on group loan repayment: Evidence from field experiments [J]. The Economic Journal, 2007, 117 (517): 85 −106.

[232] Carter M. R., P Olinto. Getting Institutions "Right" For Whom? Credit Constraints and the Impact of Property Rights on the Quantity and Composition of Investment [J]. American Journal of Agricultural Economics, 2003, 85 (1): 173 −186.

[233] Chantarat S, Barrett C B. Social network capital, economic mobility and poverty traps [J]. Journal of Economic Inequality, 2012, 10 (3):

299 – 342.

［234］ Chayanov A V. The Theory of Peasant Economy ［M］. Madison：University of Wisconsin Press, 1986.

［235］ Coleman J S. Foundations of social theory ［M］. Cambridge MA：Harvard University Press, 1994.

［236］ De Brauw A, Rozelle S. Migration and Household Investment in Rural China ［J］. China Economic Review, 2008, 19 （2）：320 – 335.

［237］ Diagne A, Zeller M, Shanna M. Empirical Measurements of Household's Access to Credit and Credit Constraints in Developing Countries：Methodological Issues and Evidence ［EB/OL］. Food Consumption and Nutrition Division Discussion Paper 90, International Food Policy Research Institute, 2000.

［238］ Edward L. Glaeser, David Iaibson, Bruce Sacerdote. An Economic Approach to Social Capital ［J］. The Economic Journal, 2002, 112 （483）：437 – 458.

［239］ F N Okurut, A. Schoombee, S. Van Der Berg. Credit Demandand Credit Rationing in the Informal Financial Sector in Uganda ［J］. South African Journal of Economics, 2005, 73 （3）：339 – 345.

［240］ Feder G, Lau L J, Lin J Y, Luo X. The Relationship between Credit and Productivity in Chinese Agriculture：A Microeconomic Model of Disequilibrium ［J］. American Journal of Agricultural Economics, 1990, 72：1151 – 1157.

［241］ Feder G, L. Lau, J. Lin, X. Luo. The Determinants of Farm Investment and Residual Construction in Post – Reform China ［J］. Economic Development and Cultural Change, 1992, 41 （1）：1 – 26.

［242］ Fenske J. Land tenure and investment incentives：Evidence from West Africa ［J］. Journal of Development Economics, 2011, 95 （2）：137 – 156.

［243］ Foltz, Jeremy D. Credit Market Access and Profitability in Tunisian Agriculture ［J］. Agricultural Economics, 2004, 30 （3）：229 – 240.

［244］ Fukuyama, Francis. Trust The Social Virtues and The Creation of Prosperity ［M］. NY：Free Press, 1996.

［245］ Galor, Oded, Joseph, Zeira. Income Distribution and Macroeconomics [J]. Review of Economic Studies, 1993, 60 (1): 35 – 52.

[246] Geda A, Shemeles A, Zerfu D. Finance and Poverty in Ethiopia [R]. Research Paper No 51, United Nations University, 2006.

[247] Ghatak M. Group Lending, Local informatrion and peer selection [J]. Journal of Development Economics, 1999, 60 (1): 27 – 50.

[248] Goldstein M. The Profits of Power: Land Rights and Agricultural Investment in Ghana [J]. Journal of Political Economy, 2008, 116 (6): 981 – 1022.

[249] Granovertter, M. S. The strength of weak ties [J]. American Journal of Sociology, 1973 (5): 1360 – 1380.

[250] Hartc E, Lences H. Financial constrains and farm investment: abayesian examination [J]. Journal of Business and Economic Statistics, 2004, 22 (1): 51 – 63.

[251] Harpham T, Grant E, Thomas E. Measuring social capital within health surveys: Key issue [J]. Health Policy and Planning, 2002, 17 (1): 106 – 111.

[252] Illukpitiya P, C. Gopalakrishnan. Decision-making in Soil Conservation: Application of A Behavioral Model to Potato Farmers in SriLanka [J]. Land Use Policy, 2004, 21 (4): 321 – 331.

[253] Inkpena, Tsange. Social capital, networks, and knowledge transfer [J]. Academy of Management Review, 2005 (30): 146 – 165.

[254] Jacoby H, G. Li, S. Rozelle. Hazards of Expropriation: Tenure Insecurity and Investment in Rural China [J]. American Economic Review, 2002, 92 (5): 1420 – 1447.

[255] James S. Coleman. Social Capital in the Creation of Human Capital [J]. The American Journal of Socioiogy, 1988, 94: 95 – 120.

[256] Jeanneney S G, Kpodar K.. Financial Development and Poverty Reduction: Can There be a Benefit without a Cost [J]. The Journal of Development Studies, 2011 (6): 143 – 163.

[257] Ji Y, Yu X, Zhong F. Machinery Investment Decision and Off – Farm Employment in Rural China [J]. China Economic Review, 2012, 23 (1): 71 – 80.

[258] Khandker, Shahidur. Rand Rashid R. Faruqee, The Impact of Farm

Credit in Pakistan [J]. Agricultural Economics, 2003, 28 (3): 197 –213.

[259] Khandker S R. Micro-finance and poverty: Evidence using panel data from Bangladesh [J]. The World Bank Economic Review, 2005, 19 (2): 263 –286.

[260] Kochar A. An empirical investigation of rationing constraints in rural credit markets in India [J]. Journal of Development Economics, 1997, 53 (2): 339 –371.

[261] Kinnan C, Townsend R. Kinship and Financial Networks, Formal Financial Access, and Risk Reduction [J]. The American Economic Review, 2012, 102 (3): 289 –293.

[262] Knack S. and Keefer P. Institutions and Economic Performance: Cross – Country Tests Using Alternative Institutional Measures [J]. Economics and Politics, 1995, 7 (9): 207 –227.

[263] Kuhnen C M. Business Networks, Corporate Governance, and Contracting in the Mutual FundIndustry [J]. The Journal of Finance, 2009, 64 (5): 2185 –2220.

[264] Lin Nan, Mary Dumin. Access to Occupations through Social Ties [J]. Social Networks, 1986 (4): 19 –25.

[265] Lin N. Social capital: A Theory of Social Structure and Action [M]. New York: Cambridge University Press, 2001.

[266] Madajewicz. Joint Liability versus Individual Liability in Credit Contracts [J]. Journal of Economic Behavior & Organization, 2010, 94 (10): 1 –17.

[267] Manfred Z. Determinants of Credit Rationing: A Study of Informal Lender and Formal Credit Groups in Madagascar [J]. World Development, 1994, 22 (12): 1895 –1970.

[268] Mark Granovette Economic Action and Social Structure: The Problem of Embeddedness [J]. The American Journal of Sociology, 1985, 91 (3): 481 –510.

[269] Maurer, Noel and Haher, Stephen. Related Lending and Economic Performance: Evidence from Mexico [J]. Journal of Economic History, 2007, 67 (3): 551 –581.

[270] Morduch J. The Microfinance Schism [J]. World Development,

2000, 28 (4): 617 – 629.

[271] Nahapiet J, S Ghosal. Social Capital, Intellectual Capitaland the Organizational Advantage [J]. Academy of Management Review, 1998, 23 (2).

[272] Nurkse R. Problems of capital formation in underdeveloped countries [J]. International Journal of Economics and Management, 1953, 6 (3): 413 – 420.

[273] Narayan D. Bonds and Bridges Social Capital and Poverty [R]. Poverty Group, World Bank, 1999.

[274] Nurkse, Ragnar. Problems of Capital Formation in Underdeveloped Countries [M]. London: Oxford University Press, 1953.

[275] Pham Bao Duong and Yoichi Izumida. Rural Development Finance in Vietnam: A Microeconometric Analysis of Household Surveys [J]. World Development, 2002, 30 (2): 319 – 335.

[276] Petrick M. Empirical Measurement of Credit Rationing in Agriculture: Amethodological Survey [J]. Agricultural Economics, 2005, 33 (2): 191 – 203.

[277] Pitt M, Khandker. The Impact of Group-based Credit Programs on Poor Household in Bangladesh: Does The Gender of Participants Matter? [J]. Journal of Political Economics, 1998 (5): 958 – 996.

[278] Putnam R D, Leonardi R, Nanetti R Y. Making Democracy Work: Civic Traditions in Modern Italy [M]. Princeton: Princeton University Press, 1994.

[279] Putnam R D. The Prosperous community: Social Capital and Public Life [J]. The American Prospect, 1993 (13): 35 – 42.

[280] Qin H. Rural-to – Urban Labor Migration, Household Livelihoods, and the Rural Environment in Chongqing Municipality, Southwest China [J]. Human Ecology, 2010, 38 (5): 675 – 690.

[281] Robert P D. The Prosperous community: Social capital and public life [J]. American Prospect, 1993, 4 (13): 35 – 36.

[282] Scott J C. The Moral Economy of the Peasant: Rebellion and Subsistence in Southeast Asia [M]. City of New Haven: Yale University Press, 1976.

［283］Swinnen, Johan F M. , Gow, Hamish R. Agricultural credit problems and policies during the transition to a market economy in Central and Eastern Europe ［J］. Food Policy Elsevier, 1999, 24 (1): 21 – 47.

［284］Stiglitz J E, Weiss A. Credit Rationing in Markets with Imperfect Information ［J］. American Economic Review, 1981, 71 (3): 393 – 410.

［285］Taylor J E, López – Feldman A. Does Migration Make Rural Households More Productive: Evidence from Mexico ［J］. Journal of Development Studies, 2010, 46 (1): 68 – 90.

［286］Tullio Jappelli. Who is Credit Constrained in the U. S. Economy? ［J］. Quarterly Journal of Economics, 1990, 105 (1): 219 – 234.

［287］Uphoff N, Wijayratna C M. Demonstrated Benefits from Social Capital: The Productivity of Farmer Organizations in Gal Oya, Sri Lanka ［J］. World Development, 2000 (11): 1875 – 1890.

［288］Uphoff N. Learning from Gal Oya: Possibilities for Participatory Development and Post – Newtonian Social Science ［M］. Ithaca, New York: IT Publications, 1992.

［289］Van Bastelaer T, Leathers H. Trust in lending: Social capital and joint liability seed loans in Southern Zam-bia ［J］. World Development, 2006, 34 (10): 1788 – 1807.

［290］Woolcock M. Social capital and economic development tow and a theoretical synthesis is and policy frame work ［J］. Theory and Society, 1998, 27 (2): 151 – 208.

［291］Wu H X, Meng X. Do Chinese Farmers Reinvest in Grain Production? ［J］. China Economic Review, 1996, 7 (2): 123 – 134.

［292］Yamagishi T, Yamagishi M. Trust and commitment in the United Statesand Japan ［J］. Motive Emotion, 1994, 18 (2): 129 – 166.

［293］Zhu X, D. Yang. Modernization of Agriculture and Long Term Growth ［R］. Working Paper, 2007.

［294］Zhao Y. Causes and Consequences of Return Migration: Recent Evidence from China ［J］. Journal of Comparative Economics, 2002, 30 (2): 376 – 394.

［295］Zucker L G. Production of Trust: Institutional Sources of Economic Structure ［J］. Research in Organizational Behavior, 1986 (8): 53 – 111.

附录 1

尊敬的农户朋友：

您好！我们是宁夏大学经济管理学院的师生，我们正在做一项有关宁夏生态移民发展能力方面的课题研究，需要了解您在融资需求和生产投资等方面的一些情况，恳请您帮助填写以下调查问卷，非常感谢您的支持。本问卷仅供学术研究使用，不会泄露您的信息，请您放心填写。

生态移民问卷

区县		是否户主	A. 是　B. 否
乡镇		受访者是否少数民族	A. 是　B. 否
村名		受访者与户主关系	
调查日期		受访者迁出地	县　乡　村
受访者姓名		迁出时间	

一、农户个人及家庭基本信息

（一）农户个人信息

1. 性别（　　）　A. 男　B. 女

2. 您的年龄是：_____岁

3. 您的受教育程度（　　）；您的家庭成员中文化程度最高的学历是_____。

　　A. 不识字或识字很少　B. 小学　C. 初中程度　D. 高中、职高、中专、技校　E. 大专及以上

　　4. 您的家庭成员或亲戚有无在村、乡或县当干部？（　　）A. 是
B. 否

5. 您是否是中共党员?(　　)A. 是　B. 否

6. 您从事的职业是 (　　)

A. 常年在家务农　B. 常年外出务工　C. 农忙时回家务农,其他时间在外打工　D. 个体经营者　E. 乡村医生或教师　F. 其他_____

如果您外出务工,请问您每年累计外出务工时间是 (　　)月

A. 1~3个月　B. 4~6个月　C. 7~9个月　D. 10个月以上

7. 您是否有非农专业技能?(　　)　A. 有　B. 没有

(二)农户家庭人口及经济特征调查

1. 您家庭常住人口数:_____人(包括外出务工、参军和读书的人员),其中从事农业生产的有_____人,外出务工有_____人。

其中:(1)家庭中16~59周岁有劳动能力的人数(不包括在校学生):_____

(2)16岁以下的人口_____人;上学的有_____人

(3)您家中60岁以上的老人有_____人

2. 移民前您家里承包土地面积有 _____亩;移民后现在有_____亩。

(1)如果有耕地,移民前您家的耕地由谁来耕种?(　　),移民后耕地由谁来耕种?(　　)

A. 自己耕种　B. 找人代为耕种　C. 租给其他农户耕种　D. 无人耕种　E. 全部/部分流转给农业企业或农民专业合作组织经营

(2)移民前您家每亩地收入是_____元;移民后您家每亩地的收入是_____元

3. 请问您家在移民前经济收入的主要来源是 (　　),移民后您家经济收入的主要来源是 (　　)。

A. 种植粮食　B. 种植经济作物　C. 个体经营　D. 牲畜养殖　E. 外出打工　F. 乡镇企事业单位职工　G. 本地乡村企业收入　H. 其他_____

4. 您现在的生活环境与移民前相比 (　　)

A. 改善很多　B. 改善比较多　C. 没有明显变化　D. 比过去差一点　E. 比过去差很多

5. 您家移民后一年总收入大概是_____元,您家移民前一年的总收入是_____元。其中具体项目请填写下表:

项目	移民后收入（元）	移民前收入（元）
A. 种植业收入（包括粮食、蔬菜、水果、油料、枸杞等）		
B. 养殖业收入（包括牲畜、禽类、渔业等）		
C. 外出打工收入		
D. 做生意收入（包括开店、跑运输等）		
E. 政府补贴收入		
F. 人情收入		
G. 其他		

6. 如果您手头有多余的资金，您会选择（　　　）

A. 改善生活　B. 存进银行　C. 扩大种养殖规模　D. 修建房屋　E. 学习专业技术　F. 其他_____

7. 您的家庭全部一年总支出大概是_____元。移民前和您共同生活在一起的家庭成员的全部一年总支出大概是_____元。

（1）生活方面的支出（没有发生的不填）

项目	移民后各项支出（元/年）	移民前各项支出（元/年）
A. 日常生活开销（比如购买生活必需品等）		
B. 修建或维修房屋		
C. 孩子上学的费用		
D. 医疗费用		
E. 购买家具、家电的支出		
F. 人情支出		
G. 手机等通讯费		
I. 其他		

（2）生产方面的支出（没有发生的不填）

项目	移民后各项支出（元/年）	移民前各项支出（元/年）
A. 购买农业生产资料（比如农药、种子、化肥等）		
B. 购买运输车辆		
C. 购买农机（比如插秧机、收割机等）		
D. 做生意投入的资金		
E. 进行规模种植业、养殖业经营投资的支出		
F. 其他花销		

二、农户社会资本调查

（一）社会网络

1. 您经常来往的亲戚数量大概是_____家。遇到困难可以帮上忙的人有_____家。

2. 您家有从事非农行业的亲戚和朋友吗？（   ）   A. 有   B. 没有

如果有，他们的主要职业是什么？（   ）（可多选）

A. 外出务工   B. 医生或教师   C. 村干部   D. 经商   E. 公务员或企事业单位职工   F. 农业技术人员   G. 其他_____

3. 您家有在本地当干部的亲戚吗？（   ）

A. 没有   B. 有，乡、村干部   C. 有，县级以上干部

4. 您平时是否和亲朋好友经常联系？（   ）

A. 从来不串门   B. 偶尔有事才去   C. 一般   D. 比较频繁   E. 很频繁

5. 您家是否属于本村的大户姓氏？（   ）   A. 是   B. 不是

6. 您是否加入了农民专业合作社（或类似的组织）？（   ）   A. 是   B. 否

如果您选"是"，请问您加入的是什么农业专业合作组织？_____

（二）社会声望

1. 当您家有喜事时，村子里的人是否愿意帮您？（   ）

A. 非常多   B. 比较多   C. 一般   D. 比较少   E. 几乎没有

2. 当别人有重大事情需要做决定是否愿意找您商量？（   ）

A. 非常多　B. 比较多　C. 一般　D. 比较少　E. 几乎没有

3. 农忙时，村子里的人是否愿意过来帮忙？（　　　）

A. 非常多　B. 比较多　C. 一般　D. 比较少　E. 几乎没有

4. 您觉得村里人对您的尊重程度如何？（　　　）

A. 非常尊重　B. 比较尊重　C. 一般　D. 比较不尊重　E. 非常不尊重

5. 您家盖房时，村子里的人是否愿意过来帮忙？（　　　）

A. 非常多　B. 比较多　C. 一般　D. 比较少　E. 几乎没有

（三）社会参与

1. 如果您村里有公共事务需要解决，您是否会号召其他农户一起参与？（　　　）

A. 非常积极　B. 比较积极　C. 一般　D. 比较不积极　E. 几乎没有

2. 村里组织的集体活动您是否经常参加？（　　　）

A. 非常多　B. 比较多　C. 一般　D. 比较少　E. 几乎没有

3. 您是否参加村干部选举投票？（　　　）

A. 非常积极　B. 比较积极　C. 一般　D. 比较不积极　E. 几乎没有

4. 您在村中的公共事务决策时是否提出过建议或意见？（　　　）

A. 非常多　B. 比较多　C. 一般　D. 比较少　E. 几乎没有

5. 您是否参加村里的"一事一议"？（　　　）

A. 非常积极　B. 比较积极　C. 一般　D. 比较不积极　E. 几乎没有

三、农户正规借贷行为调查

您最近三年总共借过＿＿＿＿＿＿＿＿元，其中向亲戚、朋友借钱，大概借＿＿＿＿＿＿＿元；其中向金融机构申请贷款＿＿＿＿＿＿＿＿元，实际借到＿＿＿＿＿＿＿＿元。您移民后一般需要资金时都会找谁借钱？（　　　）（可多选）。

A. 三代以内的亲戚圈　B. 邻里、熟人、朋友圈　C. 地下钱庄等民间借贷者　D. 银行、信用社等正规金融机构　E. 农民资金互助组织

1. 请问您的家庭近三年是否从农村信用社、银行或其他金融机构得到过贷款？

A. 没有　B. 有　┃如果选择有，请跳到（5）回答┃

（1）如果您没有得到过贷款，主要原因是（　　　）

A. 没有主动申请　B. 申请后主动放弃　C. 申请被拒绝

（2）您没有主动申请贷款的原因是（　　　）

A. 自有资金能够满足生产生活需要　B. 没有借款的习惯，有多少钱办多大事　C. 利率太高　D. 手续太麻烦　E. 没人担保　F. 没有抵押、

质押品　G. 家庭收入低　H. 其他

（3）申请后您主动放弃的原因是（　　）

A. 手续太麻烦，附加条件太多　B. 银行服务态度不好　C. 贷款额度太小　D. 贷款期限短　E. 距离太远　F. 利率太高　G. 从其他渠道得到了钱　H. 其他

（4）申请被拒绝的理由是（　　）

A. 无明确盈利项目　B. 无还款能力　C. 无抵押和担保　D. 银行资金短缺　E. 有坏账记录　F. 没有较好的关系　G. 其他_____

（5）如果您得到了贷款，请问您是否拿到了全额贷款？（　　）

A. 借到，但数额小于申请额度　B. 全额借到

2. 您对信用社的服务是否满意？（　　）

A. 很满意　B. 比较满意　C. 一般　D. 比较不满意　E. 很不满意

3. 您所在的村是否有正规金融机构业务网点？（　　）（有乡村信贷员也算是网点）

A. 有　B. 没有

4. 您家离最近的银行、信用社、邮政储蓄等业务网点有_____公里。

5. 您从农村信用社、邮政银行或其他金融机构借来的钱主要用来做什么？（　　）（可以多选）

A. 看病就医　B. 红白喜事　C. 买农具、化肥　D. 扩大农业生产　E. 生意投资　F. 盖房子、买房子装修　G. 吃穿住行　H. 小孩读书　I. 买卖股票　J. 其他

6. 您向银行或政府组织申请贷款时需要找关系吗？（　　）

A. 一直都需要　B. 大部分时候需要　C. 大部分时候不需要　D. 从来都不需要

7. 向信用社等金融机构借钱时，如果需要担保的话，为您作担保的主要是哪些人？（　　）

A. 亲戚中有声望地位的人　B. 亲戚中有钱的人　C. 在学校或是企事业单位工作的亲戚朋友　D. 村干部等当地政府部门工作人员　E. 其他（请说明）_____

8. 您向信用社等金融机构的贷款是否有延时还贷的情况？（　　）A. 有　B. 没有

9. 您在农村信用社（农村商业银行）的信用评级是几级？（　　）

四、农户生产投资行为调查

1. 请问您家近两年内是否有农业生产经营方面的投资意愿？　A. 有 B. 没有

2. 请问您家在农业生产方面的投资规模是_____元。

3. 如果有投资意向，请问您家今后两年需要较大规模资金的投资项目是什么？（　　）

A. 发展加工业和经商　B. 购买大牲畜　C. 购置大型农机具　D. 建房　E. 归还借款　F. 孩子上学　G. 婚丧嫁娶　H. 看病就医　I. 其他，请注明：_____

4. 您家移民后，在种植农作物时是否愿意采用新品种？（　　）

A. 非常愿意　B. 比较愿意　C. 无所谓　D. 比较不愿意　E. 很不愿意

5. 您对农村现在的公共基础设施建设满意吗？（　　）

A. 非常满意　B. 比较满意　C. 一般　D. 比较不满意　E. 很不满意

6. 移民后，您在做农业生产投资决策时是否愿意请教当地居民？（　　）

A. 非常愿意　B. 比较愿意　C. 无所谓　D. 比较不愿意　E. 很不愿意

7. 如果有机会，您愿不愿意接受农业技术培训？（　　）

A. 非常愿意　B. 比较愿意　C. 无所谓　D. 比较不愿意　E. 很不愿意

8. 您对您目前的农业生产经营项目的市场前景有何预期？（　　）

A. 非常好　B. 比较好　C. 一般　D. 不太好　E. 很不好

附录 2

尊敬的农户朋友：

您好！我们是宁夏大学经济管理学院的师生，我们正在做一项有关宁夏生态移民发展能力方面的课题研究，需要了解您在融资需求和生产投资等方面的一些情况，恳请您帮助填写以下调查问卷，非常感谢您的支持。本问卷仅供学术研究使用，不会泄露您的信息，请您放心填写。

非生态移民问卷

区县		是否户主	A. 是 B. 否
乡镇		受访者是否是少数民族	A. 是 B. 否
村名		受访者与户主关系	
受访者姓名		调查日期	

一、农户个人及家庭基本信息

（一）农户个人信息

1. 性别（ ） A. 男 B. 女

2. 您的年龄是：_____岁

3. 您的受教育程度（   ）；您的家庭成员中文化程度最高的学历是_____。

　　A. 不识字或识字很少 B. 小学 C. 初中程度 D. 高中、职高、中专、技校 E. 大专及以上

4. 您的家庭成员或亲戚有无在村、乡或县当干部？（   ）A. 是 B. 否

5. 您是否是中共党员？（   ）A. 是 B. 否

6. 您从事的职业是（   ）

　　A. 常年在家务农 B. 常年外出务工 C. 农忙时回家务农，其他时间在外打工 D. 个体经营者 E. 乡村医生或教师 F. 其他_____

如果您外出务工，请问您每年累计外出务工时间是（　　）月

A. 1~3 个月　B. 4~6 个月　C. 7~9 个月　D. 10 个月以上

7. 您是否有非农专业技能？（　　）　　A. 有　B. 没有

（二）农户家庭人口及经济特征调查

1. 您家庭常住人口数：＿＿＿＿＿人（包括外出务工、参军和读书的人员），其中从事农业生产的有＿＿＿＿＿人，外出务工有＿＿＿＿＿人。

其中：（1）家庭中 16~59 周岁有劳动能力的人数（不包括在校学生）：＿＿＿＿＿

（2）16 岁以下的人口＿＿＿＿＿人；上学的有＿＿＿＿＿人

（3）您家中 60 岁以上的老人有＿＿＿＿＿人

2. 2016 年您家里承包土地面积有＿＿＿＿＿亩。

（1）如果有耕地，您家的耕地由谁来耕种？（　　）

A. 自己耕种　B. 找人代为耕种　C. 租给其他农户耕种　D. 无人耕种　E. 全部/部分流转给农业企业或农民专业合作组织经营

（2）您家每亩地收入是＿＿＿＿＿元。

3. 请问您家经济收入的主要来源是（　　）。

A. 种植粮食　B. 种植经济作物　C. 个体经营　D. 牲畜养殖　E. 外出打工　F. 乡镇企事业单位职工　G. 本地乡村企业收入　H. 其他＿＿＿＿＿

4. 您现在的生活环境（　　）

A. 改善很多　B. 改善比较多　C. 没有明显变化　D. 比过去差一点　E. 比过去差很多

5. 您家 2016 年的总收入大概是＿＿＿＿＿元

其中具体项目请填写下表：

项目	年收入（元）
A. 种植业收入（包括粮食、蔬菜、水果、油料、枸杞等）	
B. 养殖业收入（包括牲畜、禽类、渔业等）	
C. 外出打工收入	
D. 做生意收入（包括开店、跑运输等）	
E. 政府补贴收入	
F. 人情收入	
G. 其他	

6. 如果您手头有多余的资金，您会选择（　　）

A. 改善生活　B. 存进银行　C. 扩大种养殖规模　D. 修建房屋　E. 学习专业技术　F. 其他_____

7. 您家庭的全部一年总支出大概是_____元。

（1）生活方面的支出

项目	年各项支出（元/年）
A. 日常生活开销（比如购买生活必需品等）	
B. 修建或维修房屋	
C. 孩子上学的费用	
D. 医疗费用	
E. 购买家具、家电的支出	
F. 人情支出	
G. 手机等通讯费	
H. 其他	

（2）生产方面的支出

项目	年各项支出（元/年）
A. 购买农业生产资料（比如农药、种子、化肥等）	
B. 购买运输车辆	
C. 购买农机（比如插秧机、收割机等）	
D. 做生意投入的资金	
E. 进行规模种植业、养殖业经营投资的支出	
F. 其他花销	

二、农户社会资本调查

（一）社会网络

1. 您经常来往的亲戚数量大概是_____家。遇到困难可以帮上忙的人有_____家。

2. 您家有从事非农行业的亲戚和朋友吗？（　　）　A. 有　B. 没有

如果有，他们的主要职业是什么？（　　）（可多选）

A. 外出务工　B. 医生或教师　C. 村干部　D. 经商　E. 公务员或企事业单位职工　F. 农业技术人员　G. 其他_____

3. 您家有在本地当干部的亲戚吗？（　　）

A. 没有　B. 有，乡、村干部　C. 有，县级以上干部

4. 您平时是否和亲朋好友经常联系？（　　）

A. 从来不串门　B. 偶尔有事才去　C. 一般　D. 比较频繁　E. 很频繁

5. 您家是否属于本村的大户姓氏？（　　）A. 是　B. 不是

6. 您是否加入了农民专业合作社（或类似的组织）？（　　）　A. 是　B. 否

如果您选"是"，请问您加入的是什么农业专业合作组织？_____

（二）社会声望

1. 当您家有喜事时，村子里的人是否愿意帮您？（　　）

A. 非常多　B. 比较多　C. 一般　D. 比较少　E. 几乎没有

2. 当别人有重大事情需要做决定是否愿意找您商量？（　　）

A. 非常多　B. 比较多　C. 一般　D. 比较少　E. 几乎没有

3. 农忙时，村子里的人是否愿意过来帮忙？（　　）

A. 非常多　B. 比较多　C. 一般　D. 比较少　E. 几乎没有

4. 您觉得村里人对您的尊重程度如何？（　　）

A. 非常尊重　B. 比较尊重　C. 一般　D. 比较不尊重　E. 非常不尊重

5. 您家盖房时，村子里的人是否愿意过来帮忙？（　　）

A. 非常多　B. 比较多　C. 一般　D. 比较少　E. 几乎没有

（三）社会参与

1. 如果您村里有公共事务需要解决，您是否会号召其他农户一起参与？（　　）

A. 非常积极　B. 比较积极　C. 一般　D. 比较不积极　E. 几乎没有

2. 村里的集体活动您是否经常参加？（　　）

A. 非常多　B. 比较多　C. 一般　D. 比较少　E. 几乎没有

3. 您是否参加村干部选举投票？（　　）

A. 非常积极　B. 比较积极　C. 一般　D. 比较不积极　E. 几乎没有

4. 您在村中的公共事务决策时是否提出过建议或意见？（　　）

A. 非常多　B. 比较多　C. 一般　D. 比较少　E. 几乎没有

5. 您是否参加村里的"一事一议"？（　　）

A. 非常积极　B. 比较积极　C. 一般　D. 比较不积极　E. 几乎没有

三、农户借贷行为调查

您最近三年总共借过_____元，其中向亲戚、朋友借钱，大概借_____元；其中向金融机构申请贷款_____元，实际借到_____元。您一般需要资金时都会找谁借钱？（　　）（可多选）。

A. 三代以内的亲戚圈　B. 邻里、熟人、朋友圈　C. 地下钱庄等民间借贷者　D. 银行、信用社等正规金融机构　E. 农民资金互助组织

1. 请问您的家庭近三年是否向农村信用社、银行或其他金融机构得到过贷款？（　　）

A. 没有　B. 有　　如果选择有，请跳到（5）回答

（1）如果您没有得到过贷款，主要原因是（　　）

A. 没有主动申请　B. 申请后主动放弃　C. 申请被拒绝

（2）您没有主动申请贷款的原因是（　　）

A. 自有资金能够满足生产生活需要　B. 没有借款的习惯，有多少钱办多大事　C. 利率太高　D. 手续太麻烦　E. 没人担保　F. 没有抵押、质押品　G. 家庭收入低　H. 其他

（3）申请后您主动放弃的原因是（　　）

A. 手续太麻烦，附加条件太多　B. 银行服务态度不好　C. 贷款额度太小　D. 贷款期限短　E. 距离太远　F. 利率太高　G. 从其他渠道得到了钱　H. 其他_____

（4）申请被拒绝的理由是（　　）

A. 无明确盈利项目　B. 无还款能力　C. 无抵押和担保　D. 银行资金短缺　E. 有坏账记录　F. 没有较好的关系　G. 其他_____

（5）如果您得到了贷款，请问您是否拿到了全额贷款？（　　）

A. 借到，但数额小于申请额度　B. 全额借到

2. 您对信用社的服务是否满意？（　　）

A. 很满意　B. 比较满意　C. 一般　D. 比较不满意　E. 很不满意

3. 您所在的村是否有正规金融机构业务网点（有乡村信贷员也算是网点）？（　　）

A. 有　B. 没有

4. 您家离最近的银行、信用社、邮政储蓄等业务网点有_____公里。

5. 您从农村信用社、邮政银行或其他金融机构借来的钱主要用来做什么？（　　）（可以多选）

A. 看病就医　　B. 红白喜事　　C. 买农具、化肥　　D. 扩大农业生产　　E. 生意投资　　F. 盖房子、买房子装修　　G. 吃穿住行　　H. 小孩读书　　I. 买卖股票　　J. 其他

6. 您向银行或政府组织申请贷款时需要找关系吗?（　　　）

A. 一直都需要　　B. 大部分时候需要　　C. 大部分时候不需要　　D. 从来都不需要

7. 向信用社等金融机构借钱时，如果需要担保的话，为您作担保的主要是哪些人?（　　　）

A. 亲戚中有声望地位的人　　B. 亲戚中有钱的人　　C. 在学校或是企事业单位工作的亲戚朋友　　D. 村干部等当地政府部门工作人员　　E. 其他
_____

8. 您向信用社等金融机构的贷款是否有延时还贷的情况?（　　　）A. 有　　B. 没有

9. 您在农村信用社（农村商业银行）的信用评级是几级?（　　　）

四、农户生产投资行为调查

1. 请问您家近两年内是否有农业生产经营方面的投资意愿?（　　　）A. 有　　B. 没有

2. 请问您家在农业生产方面的投资规模是_____元。

3. 如果有投资意向，请问您家今后两年需要较大规模资金的投资项目是什么?（　　　）

A. 发展加工业和经商　　B. 购买大牲畜　　C. 购置大型农机具　　D. 建房　　E. 归还借款　　F. 孩子上学　　G. 婚丧嫁娶　　H. 看病就医　　I. 其他，请注明：_____

4. 您家在种植农作物时是否愿意采用新品种?（　　　）

A. 愿意　　B. 比较愿意　　C. 无所谓　　D. 比较不愿意　　E. 不愿意

5. 您对现在的农村公共设施建设满意吗?（　　　）

A. 满意　　B. 比较满意　　C. 一般　　D. 比较不满意　　E. 不满意

6. 您在做农业生产投资决策时是否愿意请教其他农户?（　　　）

A. 愿意　　B. 比较愿意　　C. 无所谓　　D. 比较不愿意　　E. 不愿意

7. 如果有机会，您愿不愿意接受农业技术培训?（　　　）

A. 愿意　　B. 比较愿意　　C. 无所谓　　D. 比较不愿意　　E. 不愿意

8. 您对您目前的农业生产经营项目的市场前景有何预期?（　　　）

A. 非常好　　B. 比较好　　C. 一般　　D. 不太好　　E. 很不好